龙文鞭影

[明] 萧良有 著

方逸 编译

江苏凤凰科学技术出版社 · 南京

图书在版编目（CIP）数据

龙文鞭影 / (明) 萧良有著 ; 方逸编译 . -- 南京 : 江苏凤凰科学技术出版社 , 2025. 7. -- ISBN 978-7-5713-5284-4

Ⅰ. H194.1

中国国家版本馆 CIP 数据核字第 2025ZL5511 号

龙文鞭影

著　　者　[明] 萧良有
编　　译　方　逸
责任编辑　倪　敏
责任设计　蒋佳佳
责任校对　仲　敏
责任监制　方　晨

出版发行　江苏凤凰科学技术出版社
出版社地址　南京市湖南路 1 号 A 楼，邮编：210009
编读信箱　fhhzbook@163.com
出版社网址　http://www.pspress.cn
印　　刷　天津睿和印艺科技有限公司

开　　本　880 mm × 1 230 mm　1/32
印　　张　9
字　　数　250 000
版　　次　2025 年 7 月第 1 版
印　　次　2025 年 7 月第 1 次印刷

标准书号　ISBN 978-7-5713-5284-4
定　　价　59.80 元

目录

卷一

卷二

卷三

卷四

卷一

粗成四字 诲尔童蒙

解说

粗，粗略。诲，教诲。尔，你。童蒙，知识未开的儿童。粗略概括成四个字，以教诲你们这些刚开始学习的儿童。

经书暇日 子史须通

解说

经，指儒家经典。子史，指诸子百家著作和各种历史典籍。攻读经书的余暇，要阅读诸子百家著作和历史典籍。

重华大孝　武穆精忠

解说

重华，指舜帝。武穆，南宋爱国名将岳飞的谥号。舜帝十分孝顺，岳飞精忠报国。

尧眉八彩　舜目重瞳

解说

尧，上古五帝之一。重瞳，双瞳孔。相传尧帝的眉毛有八种色彩，舜帝的眼睛有两个瞳孔。

商王祷雨　汉祖歌风

解说

商王，即成汤，姓子，名履，字天乙，商朝建立者。当时七年大旱，太史占卜，说要用活人祭天，商汤不允，并剪发断指，亲自在桑林祈祷，以六事自责。刚祈祷完，雨就下起来了。

汉祖，汉高祖刘邦。汉高祖刘邦在楚汉战争中击败项羽后建立汉朝，回到家乡，宴请父老，击筑而歌：“大风起兮云飞扬，威加海内兮归故乡，安得猛士兮守四方！”

秀巡河北　策据江东

解说

秀，东汉开国皇帝刘秀。西汉末，王莽篡位，天下大乱。刘秀起兵，巡行河北，除莽苛政，最终建立东汉。

策，三国时吴国的建立者孙策，字伯符，孙坚之长子。孙策据有江东，临死时，将事业托付给弟弟孙权。孙权后破荆州，即帝位。

太宗怀鹞(yào)　桓典乘骢(cōng)

解说

太宗，唐太宗。唐太宗李世民曾经很喜欢一只鹞鸟，常常把玩。有一次，大臣魏徵来了，唐太宗急忙把鹞鸟藏在怀中，魏徵怕太宗玩物丧志，故意延长奏事时间，结果鹞鸟被闷死在太宗怀中。

桓典，东汉灵帝时任御史，常乘骢马，因其执法不避权贵，人们都非常敬畏他。

嘉宾赋雪　圣祖吟虹

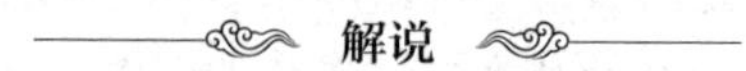

解说

嘉宾，指晋朝梁孝王的宾友邹阳、枚乘、司马相如等人。事指梁孝王引众宾友于兔园对雪饮酒作赋，详见南朝宋谢惠连《雪赋》。

圣祖，即明太祖朱元璋。朱元璋曾微服出行，吟《虹霓》诗：“谁把青红线两条，和风甘雨系天腰？”彭友信听见了，就续接道：“玉皇昨夜銮舆出，万里长空架彩桥。”朱元璋听后十分高兴，第二天就任命他为布政使。

邺仙秋水　宣圣春风

解说

邺仙，即唐朝李泌，字长源，官至宰相，封为邺侯，因其好仙术，故称为“邺仙”。李泌七岁能文，贺知章曾经说：“此稚子目如秋水，必拜卿相。”

宣圣，即孔子，名丘，字仲尼，春秋时鲁国人。西汉平帝元始元年尊孔子为“褒成宣尼公”，后人称孔子为宣圣、宣尼、宣父等。东方朔曾说：“孔子如春风，至则万物生。”

恺（kǎi）崇斗富　浑濬（jùn）争功

解说

恺崇，晋代后期将军王恺、散骑常侍石崇。王恺和石崇均是豪奢之人，因此常常比富，王恺用糖刷锅，石崇用蜡当柴。

浑，王浑，字玄冲，晋武帝女婿。濬，王濬，字士治，小字阿童。王浑、王濬一起奉命攻打吴王孙皓，王濬作为水军统帅，英勇果断，率先收复吴都。王浑不满王濬不受自己调度，于是向朝廷上表，诬告王濬违背军令。皇帝偏袒女婿，重赏了王浑。两人因此争功不止，最终在护军范通的调解下才得以平息。

王伦使虏　魏绛（jiàng）和戎

解说

王伦，字正道，南宋官员，北宋名相王旦的后人。王伦被派往金国议和，往来数次，多次被囚，后被勒死。

魏绛和戎，指公元前569年，戎狄派使者与晋谈和，魏绛力辩，主张和戎，并提出和戎对晋国有五大好处。晋悼公采纳了他的意见，于是出现了晋国与戎狄和睦相处的局面。

恂（xún）留河内　何守关中

解说

恂，即汉代寇恂，字子翼，汉上谷昌平（今北京昌平南）人。刘秀北上，邓禹推荐寇恂留守，以固后方。寇恂一面筹饷支前，一面御敌来犯，立下大功。

何，即萧何，西汉沛（今江苏沛县）人，官至丞相。楚汉相争时，萧何留守关中，转给馈饷，军需无乏。

曾除丁谓　皓折贾充

解说

曾，王曾。丁谓，宋真宗时任宰相，与王钦若、林特、陈彭年、刘承珪狼狈为奸，时人称“五鬼”，人们非常憎恨他们。那时京城中流传着一句话：“欲得天下好，莫如召寇老（寇准，北宋名相），欲得天下宁，拔去眼前丁。”宋仁宗即位，王曾为相，把丁谓贬为崖州司户参军，其死在光州。得知消息后，百姓非常欢喜。

皓，指孙皓，三国吴国末代皇帝。贾充，西晋大臣。贾充在曹魏时曾任要职，参与杀害魏帝曹髦，协助司马氏篡魏。孙皓降晋后，拜见晋武帝时，贾充问孙皓：“你挖人眼，剥人面皮，这是些什么刑罚？”孙皓回答：“为臣弑君，奸邪不忠的人，该受这种刑罚。”贾充听后无地自容。

田骄贫贱　赵别雌雄

解说

田，指田子方，战国时魏文侯之师。田子方和太子在路上相遇，太子对他十分恭敬，田子方却不还礼。太子生气地说：“富贵者更有资格傲慢一些呢，还是贫穷者更有资格傲慢呢？”田子方答道：“当然是贫穷者更有资格。富贵者怎么敢对人傲慢呢？国君傲慢就会亡国，大夫傲慢就会灭家。贫穷的人如果不被人任用，可以拔腿就走，到哪里都会保持贫穷。”

赵，指赵温，东汉人。赵温有雄心大志，但只被任命为长安京兆尹。他叹息着说：“大丈夫应当雄飞（奋发猛进），哪能雌伏（寄人篱下）？”于是辞官离开了。

王戎简要　裴楷清通

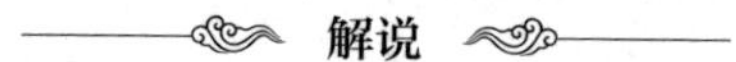

解说

王戎，西晋人，“竹林七贤”之一。简要，简约扼要。裴楷，字叔则。清通，清明通达。时任抚军大将军的司马炎征询钟会意见选拔属官。钟会以“王戎简要，裴楷清通”举荐，二人遂同被任命为抚军大将军府属吏。

子尼名士　少逸神童

解说

子尼，即蔡克，晋陈留考城人，王澄路过陈留，问这里有哪些名士，官吏说：“有蔡子尼、江应元。”当时郡人中有很多高官，王澄奇怪地问：“你怎么只说这二人？”官吏说：“您问的是名人，不是问官位啊。”

少逸神童，指刘少逸，北宋人，十一岁的时候，就文辞精敏。他的老师潘阆带他去见王元之、罗思纯。他们以对句考验他，罗思纯说：“无风烟焰直。”刘少逸对：“有月竹阴寒。”罗思纯又说：“日移竹影侵棋局。”少逸对：“风送花香入酒卮。”王元之说：“风雨江城暮。”少逸对道：

“波涛海寺秋。”王元之又说：“一回酒渴思吞海。”少逸又对道：“几度诗狂欲上天。”王元之二人觉得他真是神童，令人叹服，于是向朝廷推举刘少逸。

巨伯高谊　许叔阴功

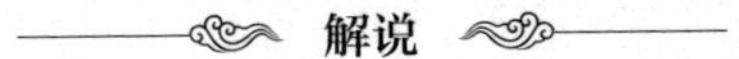

解说

汉代荀巨伯去探望生病的友人，恰逢胡人攻打郡城。朋友劝他离开，说：“我快死了，你快逃命吧！”荀巨伯却说：“我远道而来探望你，现在离开就是弃义求生，这不是我的为人。”胡人进城后，问荀巨伯为何不逃，他回答：“朋友生病，我不忍抛弃，愿意用自己的命换取他的命。”胡人被他的义气所感动，说：“我们这些无义之徒，怎能侵犯有义之地？”于是撤军，全郡因此得以保全。

宋代许叔微，字知可，博闻强识，精通医术。建炎初年，瘟疫流行，许叔微走街串巷，治好了不少人。他有一天梦见神仙说：“药市收功，陈楼间阻。堂上呼卢，喝六作五。”后来，他以第六考上功名，皇帝又把他改为第五，在陈祖言、楼林九之间，与梦中一致。

代雨李靖　止雹王崇

解说

李靖，唐初军事家。传说李靖年轻时射猎山中，晚上到一人家借宿。半夜，一老太太前来，对李靖说："这里是龙宫，天符命令行雨，但是两个龙子都不在，想麻烦你代劳。"随即命人牵来青骢马，又取来一个小瓶，嘱咐李靖，当马叫时，滴一滴小瓶里的水到马鬃上，不要多滴。李靖想，这里很干旱，所以行雨时连滴了不少滴。他回去后，老夫人大惊，说："一滴水，地上就涨一尺水，你却滴这么多。你的家乡要毁了。"

王崇是北魏时期的人，以孝行著称。他的父母相继去世，他悲痛欲绝，其情感动天地。有一年夏天，阳夏地区遭遇雹灾，风雹所到之处，禽兽暴死，草木摧折，但当雹子即将落到王崇的田地时，却突然停止，他的庄稼毫发无损。

和凝衣钵　仁杰药笼

解说

和凝，五代人，梁进士，名居第十三位。衣钵，原指僧人袈裟和盛饭的容器，后喻指前人传下来的思想、学术和技能。后来他选范质为进士，范质也位居十三。和凝对范质说："希望你能继承老夫衣钵。"后来范质也官至宰相，其官职和成就与和凝相似。

狄仁杰，字怀英，唐朝宰相。元行冲博学多才，曾对狄仁杰说："您门下宾客如美味佳肴，我愿做一味药，在您门下备用，可以吗？"狄仁杰说："你是我药笼中不可或缺的药。"后人就以"药笼中物"来比喻预先储备的人才。

义伦清节　展获和风

解说

义伦，沈义伦，北宋人，为官清正廉洁。初为四川转运使，随军入蜀，独居寺院，粗茶淡饭。有人献佳肴珍宝，他一律不收。后来被召入朝，箱中只有数卷图书而已。遂升为枢密副使。

展获，即柳下惠，春秋时鲁国贤大夫。去世后，门人要写悼词，他的妻子认为自己最了解丈夫为人，便为其写悼词，并在悼词中说他待人温和诚信，蒙耻救民等，称得上“惠”字。

占风令尹　辨日儿童

解说

尹，尹喜，周人。相传尹喜为函谷关令时，看东边紫气浮关，便说老子将至，不久老子果然骑青牛过来。因为尹喜望见紫气便知老子将来，故称占风令尹。

孔子东游，见两个小孩在争论。一个孩子说：“我认为日出时离人近，因为它大如车盖；中午时则离人远，因为它小如盘。”另一个孩子说：“我认为刚好相反，因为日出时没有多少热量，而到中午则滚烫滚烫的，这不是近的热而远的凉吗？”孔子听了也无法决断。两个小孩笑着说：“谁说你比较聪明？”

敝履东郭　粗服张融

解说

东郭先生，西汉齐人，被曹参奉为上宾。东郭先生贫困饥寒，衣衫褴褛，行走雪中，因为鞋子没有底而赤脚踏地。别人都讥笑他，而他却依然逍遥自在。

张融，生性清俭，在齐国做官。齐高帝曾送给他一套衣服，说："见你穿粗衣，虽是节俭，却有损朝臣声望。如今送你一身旧衣，虽旧胜新。衣服是我穿过的，已按你的身材重新裁剪过了。"

卢杞除患　彭宠言功

解说

卢杞，唐代人。他任虢州刺史时，向皇帝报告："虢州有三千头官猪，成了民患。"皇帝让他把猪赶到外州去。卢杞又说："其他州的百姓也是陛下的臣子，还是就地将猪杀了吃比较好。"于是皇帝下诏把猪赐给虢州平民百姓。皇帝说："卢杞还真能为其他州的百姓担忧，别人都说卢杞奸邪，我看不出来。"李泌说："这正是他最奸邪的地方啊。"

彭宠，东汉人，有功，欲望甚高，意欲谋反。幽州牧朱浮给他写了一封信说："辽东有黑猪，生了一头白猪，主人要献给皇上。走到河东时，看到一群白猪，于是惭愧着回去了。你的功劳与朝中人相比，像辽东黑猪一样。”彭宠很愤怒，攻下幽州蓟城，朱浮逃走。彭宠自称燕王，不久被部下杀死。

放歌渔者　鼓枻(yì)诗翁

解说

唐代有一个渔翁在楚江钓鱼，一钓到鱼就去换酒喝，还放声歌唱。江陵太守崔铉就问他：“你是隐士吗？”渔翁答道：“大家都以为姜子牙、严子陵是隐士，殊不知他们只是钓到了隐士的名声而已。”说完头也不回地走了。

枻，船桨。宋朝时卓彦恭曾经经过洞庭湖，看见一老翁在月下泛舟，就问：“有鱼吗？”老翁答道：“没有鱼，倒有诗。”说着就用桨敲着船舷唱道：“八十沧浪一老翁，芦花江上水连空。世间多少乘除事，良夜月明收钓筒。”问他姓名，老翁没有回答就离开了。

韦文朱武　阳孝尊忠

解说

韦文，即韦逞，其母亲很有文化。一次，苻坚巡视太学，见《周礼》无人讲授，太常博士卢壶推荐韦逞的母亲宋氏为他们讲学。苻坚答应了，于是就在韦逞家中设立讲堂，让宋氏为一百多位学生隔纱帐讲授《周官》《仪礼》，号宣文君。朱武，即朱序，其母亲韩氏，深通军事。东晋时朱序镇守襄阳，正好遭遇苻坚派人前来攻打，朱母登城察看敌情后说："城西北角会首先受敌。"于是带着百余名婢女和城中女子在西北角筑新城二十多丈。朱序率兵在新城坚守，敌人久攻不下只好撤退，襄阳城因而被称为夫人城。

阳，王阳；尊，王尊。汉代王阳担任益州刺史，走到九折坂，道路崎岖险峻。王阳说："奉先人遗体，怎么可以走这种险要的路呢？"于是驱车回去。王尊接任后，又到九折坂，说道："这不正是王阳害怕的地方吗？"于是催人奋力前行，赶去赴任。世人就称王阳为孝子，王尊为忠臣。

倚闾(lǘ)贾母　投阁扬雄

解说

闾，门。王孙贾侍奉齐缗王，齐国发生淖齿之乱，国王出逃。王孙贾不知国王在哪，就回家了，贾母说："你早出晚归，我倚门而望；你晚上出去不回来，我倚里门而望。如今你侍奉国王，国家有事，你怎么能回家呢？"于是王孙贾率国人杀掉淖齿，立缗王的儿子为王，齐国才得以安定下来。

扬雄，西汉文学家。王莽当政时，文学家扬雄的门人刘芬获罪，被流放。扬雄得知消息后，怕被株连，就从校书的天禄阁上跳下自杀，几乎摔死。当时的人说他："惟寂寞，自投阁。"

梁姬值虎　冯后当熊

解说

宋代大将韩世忠的夫人梁红玉，未出嫁时，出行看到府堂柱下卧着一只老虎，吓得她转身就跑。等到人多时再去看，才发现那是一个睡着的士卒，名叫韩世忠。梁红玉觉得韩世忠非同凡人，于是回去将这件事告知母亲。其母准备好酒宴邀请韩世忠，并让女儿与其结为夫妇。后来韩世忠富贵，梁氏被封为梁国夫人。

汉元帝游虎园，冯婕妤、傅婕妤相随。突然跑出一头熊，傅婕妤害怕得逃走了，而冯婕妤用身体挡住熊。皇帝问她为什么不怕，她说："我害怕熊会伤害到您，所以用身体挡住。"冯婕妤因此而得宠。

罗敷陌上　通德宫中

解说

秦罗敷是汉代邯郸的美女，嫁给王仁为妻，王仁在赵王府中担任千乘职务。罗敷以采桑为生，因美貌被赵王看中。赵王试图以宴请为名，调戏罗敷，但罗敷不为所动，作《陌上桑》以明志，表明自己是王仁之妻，拒绝了赵王的调戏。

樊通德是汉成帝宫人赵飞燕的侍女，伶玄之妾，比较了解后宫的事，每当和丈夫谈到宫廷的事，就潸然泪下。后来伶玄根据她所述，写成了《飞燕传》。

汉称七制　唐羡三宗

解说

汉代前后共有近30位皇帝。西汉自高帝以下有文、武、宣，东汉自光武帝以下，有明、章，其余没有什么大作为，因此隋朝王通用“七制”来评判汉朝。

羡，羡慕。三宗，指太宗、玄宗、宪宗。唐太宗李世民，除隋之乱，奠定国基，出现贞观之治的大好局面；唐玄宗李隆基，励精图治，有开元、天宝盛世；唐宪宗李纯革除积弊，削平藩镇，唐威复振。

杲卿断舌　高祖伤胸

解说

唐玄宗天宝年间，颜杲卿担任常山太守，安史之乱时被贼人所擒，颜杲卿大骂不屈，被贼人割断舌头而死。

楚汉战争中，汉高祖刘邦与项羽对阵于河南广武，数项羽十大罪状。项羽暴怒，向刘邦射箭，射中其胸部。刘邦为了不动摇军心，按住脚说：“射中了我的脚趾。”

魏公切直　师德宽容

解说

魏公，宋代韩琦，被封为魏国公。切直，直率刚烈。韩琦因谏言“明得失、正纪纲、亲忠直、远邪佞为急，前后七十余疏”，被誉为“切而不迂”。

师德，指唐朝大臣娄师德，为人宽厚、清廉。娄师德曾告诫其弟“唾面自干”，即被人吐口水时不要擦掉，让其自然干掉。他曾推荐狄仁杰为相，但狄仁杰起初并不知情，多次排挤他。后来，武则天拿出了娄师德的推荐书，狄仁杰才感叹娄师德的盛德，认为自己不如他。

祢衡一鹗　路斯九龙

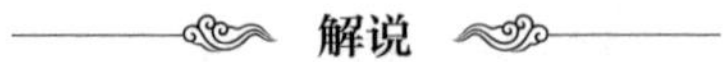

解说

祢衡，汉末人，从小就有辩论的才能，但是性情高傲。鹗，猛禽。孔融爱惜祢衡的才华，于是向曹操上《荐祢衡表》，说："鸷鸟累百，不如一鹗，使衡立朝，必有可观。"

传说唐时，宣城令张路斯夫人石氏生了九个儿子。有一次张路斯在焦氏台钓鱼，回家后身上全湿了，而且还很冷。夫人问他为何，他说："我本是龙，六安县郑祥远也是龙。今天与我争钓台宝殿，明天决战，让九个儿子为我助战，我率红衣兵，郑率青衣兵。"第二天，红衣兵大获全胜，之后九个儿子化龙而去。

纯仁助麦　丁固梦松

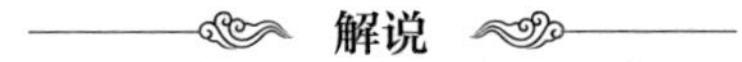

解说

纯仁，范纯仁，范仲淹次子。有一次纯仁奉父命运五百斛小麦回家。船停在丹阳，遇到诗人石曼卿，石曼卿说："家中连续有三起丧事，却无钱安葬。"范纯仁就把麦子全送给了石曼卿。回家后他向父亲汇报，话没说完，范仲淹就说："你做的和我想的完全相符。"

丁固，三国吴人。丁固曾梦见腹上生松树，就对人说："松字是十八公，这表示十八年后我会位列公卿啊！"后来果真应验了。

韩琦芍药　李固芙蓉

解说

宋时江都芍药共有三十二种，其中，红瓣黄腰形似身穿红袍、腰系金带的“金带围”最为稀少和珍贵。时任当地官员的韩琦，偶见官署后花园中开了四朵“金带围”，便邀请王珪、王安石、陈升之一起观赏，后来四个人先后担任宰相。

李固，唐人。李固遇到一个老太太，对他说：“你明年芙蓉镜下及第。”第二年，李固果然中了状元。试卷中还有“人镜芙蓉”的句子。

乐羊七载　方朔三冬

解说

东汉时乐羊子出外求学，一年后就回来了。妻子问原因，乐羊子说：“在外常想家。”妻子就拿着剪刀剪断织机上的布，说：“这织物来自蚕茧，一根根抽成丝，再一丝丝一寸寸织成成匹的布。你今天求学中途回来，就像这匹布一样，中途剪断，难以成为丈匹了。”乐羊子听后很受启发，立即回去求学，七年后学成而归。

方朔，东方朔，汉武帝时名臣。东方朔曾向皇帝上书自荐：“我十二岁就学书三冬，文史足够用；十五学击剑；十六学诗书，诵读了二十二万言；十九学孙吴兵法，阵战之具……这样，我应该可以成为天子的大臣了。”武帝由此很欣赏他的自信和勇气。

郊祁并第　谭尚相攻

解说

郊，宋郊。祁，宋祁。二人是兄弟，一同中举。

汉末袁谭与袁尚是同父异母兄弟，他们在父亲袁绍死后，互相攻伐，争夺冀州，曹操乘机挑衅举兵，结果把他们都消灭了。

陶违雾豹　韩比云龙

解说

陶答子主管制陶三年，没有政绩，不过家产却倍增。他的妻子说：“才疏官高，无功家富，都是祸害。听说南山有头豹子，在大雾中隐居七个月都不下山觅食，原来是为了润泽皮毛长成斑纹，所以藏身避害。而猪不择食，肥壮而死。今天你也违背了规则，能没有后患吗？”后来陶答子果然被诛杀了。

韩，韩愈。在《醉留东野》一诗中，韩愈把自己和孟郊比作云和龙，表示他对孟郊的倾慕。

洗儿妃子　校士昭容

解说

杨贵妃收安禄山为养子，让宫女用锦绣裹住安禄山，在宫中行洗儿礼，唐玄宗亲自去观看，并赏赐给贵妃洗儿钱。

校士，指考评士人。昭容，唐代女官名，此处指上官婉儿。上官婉儿在饮宴时常代皇帝和皇后、长宁安乐公主赋诗作文，并品评裁定大臣们所作的赋。

彩鸾书韵　琴操参宗

解说

唐代人吴彩鸾，嫁给文箫，文箫家穷得不能自给自足，彩鸾就每天写一部韵书，卖钱度日。十年后，夫妻各骑一只虎升天了。

琴操，宋代杭州歌妓。苏轼在杭州时，曾和她游西湖。有一天，苏轼开玩笑说："我做长老，你试着参禅。"琴操问："什么是湖中景色？"苏轼回答："落霞与孤鹜齐飞，秋水共长天一色。"琴操问："什么是景中人呢？"苏轼回答："裙拖六幅潇湘水，鬓挽巫山一段云。"琴操又问："什么又是人中意？"苏轼说："随他杨学士，鳖杀鲍参军。"琴操问道："如此一来，究竟该怎么办？"苏轼回答："门前冷落鞍马稀，老大嫁作商人妇。"琴操听完，大彻大悟，当天就削发为尼了。

古帝凤阁　刺史鸡窗

古帝，黄帝。黄帝向天老问凤象，天老说："凤出现在东方君子的国家，翱翔于四海之外，它的出现，说明天下太平。"黄帝于是在殿中斋戒，凤凰遮日而来，落在梧桐树上，食竹实。

晋宋宗，字处宗，官至兖州刺史。传说其得到一只长鸣鸡，养在窗前，后来鸡忽然能说人话，与处宗交谈，极有玄妙。处宗因而玄业大进。

亡秦胡亥　兴汉刘邦

解说

胡亥，秦始皇的次子，始皇死后，胡亥继位，施行暴政。刘邦、项羽起兵后，胡亥被杀。胡亥死后，其侄子婴继位，后又被项羽杀掉，秦朝于是灭亡。

楚汉战争中，刘邦战胜项羽后，建立汉朝。

戴生独步　许子无双

解说

戴生，东汉人戴良，字叔鸾，议论高奇。有人问他："天下有谁可与你相比呢？"他说："我就像孔丘长东鲁，大禹出西羌，独步天下，没有人能跟我比。"

许子，许慎，字叔重，东汉人，《说文解字》的作者。许慎博学多才，深得马融的推崇，当时有"五经无双许叔重"的说法。

柳眠汉苑　枫落吴江

解说

《三辅旧（也作故）事》中说："汉苑有柳，形状像人，因此叫人柳。每天三眠三起。"

唐代崔信明担任秦川令，总是以诗文自负。有一次郑世冀问他：“听说你有‘枫落吴江冷’的诗句，可以拜读别的诗篇吗？”崔信明高兴地拿出其他诗篇，郑世冀没看完就摇头说：“真是所见不如所闻啊！”遂将诗稿投进水中，摇船而去。后世用“枫落句”称诗文警句。

鱼山警植　鹿门隐庞

解说

曹植曾被封为东阿王，一日他登上鱼山（位于今山东东阿县西），忽然听到岩岫中有诵经声，不禁恭敬地聆听。

庞德公是东汉末年的名士，荆州刺史刘表多次邀请他出山为官，但庞德公始终不从。后来，他携妻子登上鹿门山采药，一去不返。

浩从床匿　崧（sōng）避杖撞

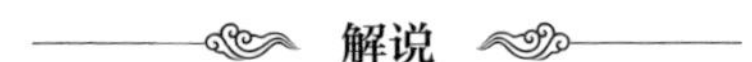

解说

唐代孟浩然四十岁时游历京城，与王维结识，并成为好友。王维私下邀请他进入内署，正好被唐明皇撞到，于是孟浩然躲到床下。王维将实情报告给皇帝，皇帝说：“我听说过这个人，只是没有见过。”于是下令，让孟浩然出来相见。

汉明帝偏爱安插眼线监视官员，经常根据密探的举报给大臣定罪，朝中不少高官遭受过诬陷。某天，药崧不小心触怒了皇帝，明帝暴怒之下抄起棍子要打他。药崧吓得急忙钻到皇帝床底下躲避，明帝见状更生气了，大声吼道："给我滚出来！"药崧躲在床底壮着胆子劝谏："《礼记》里说天子应当庄重威严，诸侯应当仪表堂堂，我从未听说过堂堂一国之君，竟然亲自拿着棍棒打自己的臣子啊！"

刘诗瓿（bù）覆　韩文鼎扛

解说

汉代刘歆曾对扬雄说："今学者有禄利，然尚不能明《易》，其若《玄》何，吾恐后人用覆酱瓿也。"意思是著作虽多，但可能无人赏识，如同用来盖酱缸的瓦罐。

韩，指韩愈，唐代著名的文学家。鼎扛，黄庭坚有诗云："虎儿笔力能扛鼎。"虎儿指米友仁。这里意指韩愈的文章很有分量。

愿归盘谷　杨忆石淙（cóng）

解说

盘谷在河南济源市北，唐朝李愿曾在这里隐居。

杨一清，字应宁，云南安宁人。镇江府城南有杨一清石淙精舍，在丁卯桥侧。

弩名克敌　城筑受降

解说

宋代韩世忠在金人入侵时，制造“克敌弓”来抵挡敌骑的进攻。

受降城在山西大同府西北，是公孙敖所筑。

韦曲杜曲　梦窗草窗

解说

唐代韦安石在西安府南建有花园，名为韦曲。城南杜岐公也建有花园，名为杜曲。

南宋吴文英，善于写词，有《梦窗甲、乙、丙稿》四卷。周密有《草窗词》二卷。

灵征刍(chú)狗　诗祸花龙(méng)

解说

灵征刍狗，指灵验的梦。《魏志》记载：太史问周宣，梦见刍狗是什么意思，周宣说：“要得到饮食。”又有一天，太史还是问梦见刍狗是什么意思，周宣说：“要从车上掉下把脚摔折了。”太史第三次问梦见刍狗是什么意思，周宣说：“会有火灾。”太史后来说：“其实，我三次询问都没有做梦，只是想试试您罢了，可是为什么都灵验了呢？”

明代人高启因为题宫女图诗触怒皇帝而被杀。他写的诗是：“女奴扶醉踏苍苔，明月西园侍宴回。小犬隔花空吠影，夜深宫静有谁来。”

嘉贞丝幔　鲁直彩缸

解说

唐代宰相张嘉贞想招郭元振为婿，他对郭元振说：“我有五个女儿，她们各自在幕后手持一根丝线，你可以随意牵扯其中一根，牵到哪根丝线，哪个女儿就成为你的妻子。”郭元振牵了一根红丝，最终娶到了张嘉贞的第三个女儿，这位女子不仅容貌出众，而且贤良淑德。

宋代文学家黄庭坚（字鲁直）的儿子在纳吉（古代婚礼六礼之一）时，用红彩缠绕酒缸作为彩礼。

王良策马　傅说骑箕

解说

王良为星座名称。《史记·天官书》记载：“汉中四星，曰天驷。旁一星曰王良。王良策马，车骑满野。”

传说傅说是商朝武丁时的宰相，辅助武丁，使得商朝中兴，死后成为天上的星座，在箕宿和尾宿之间。

伏羲画卦　宣父删诗

解说

传说上古时代的部落酋长伏羲，曾画八卦，教万民捕鱼、畜牧，并以鱼、猎物作为食物。

宣父，指孔子，汉代时被封为至圣文宣王，唐诏尊孔子为宣父。删诗，指孔子编删《诗经》。

高逢白帝　禹梦玄彝(yí)

解说

高，汉高祖刘邦。传说刘邦酒醉后走在沼泽中，碰见大蛇挡在道路上，于是拔剑将蛇斩为两段，继续前行。后人经过此地，遇到一个老太婆在黑夜中哭泣，问她原因，她说：“我的儿子是白帝之子，化为蛇，挡在道路上，如今被赤帝的儿子斩杀，所以哭泣。”

相传大禹为治理天下的大水来到衡山，梦见一个男子，自称玄彝，是苍水使者。男子说：“想要得到我的简书，必须在黄帝之宫斋戒。”禹于是斋戒三日，果然得到金简玉牒，并从中知道了治水的方法。

寅陈七策　光进五规

解说

寅，胡寅，宋代进士。金人南侵时，曾上书高宗，提出七项策略：罢和议而修战略、置行台、务实效、起天下之兵、都荆襄、选宗室、存纪纲。

光，宋代司马光。他在仁宗朝知谏院任职，曾提出五规：保业、惜时、远谋、谨微、务实。

鲁恭三异　杨震四知

解说

鲁恭，东汉人，担任中牟令时，邻县发生蝗灾，唯独不侵扰中牟县境。河南尹袁安听说这件事后，派人前往察看。来人看到儿童旁有野鸡经过，问儿童为什么不抓住它，儿童回答说：“野鸡要孵小鸡了。”来人临走时说：“虫不入境。化及禽兽，童子有仁心。这是三异。”遂回报袁安。后来袁安向朝廷举荐鲁恭做了大司徒。

杨震，东汉人，曾推荐昌邑令王密做官。后来杨震路过昌邑，王密感恩，晚上怀揣十金要送给杨震，杨震拒不接受，王密说：“深夜了，没有人知道。”杨震说：“天知、地知、你知、我知，怎么叫无人知呢？”

邓攸弃子　郭巨埋儿

解说

邓攸，东晋时曾任河东太守。在石勒之乱中，邓攸带着儿子和侄子逃难，遇上贼兵，舍弃亲生儿子，保护了侄子。

郭巨，汉代孝子，因家境贫困养不起母亲。每当母亲进食时，儿子必定要分点儿食物，于是郭巨想要把儿子埋了，说儿子可再有，母亲不能再有。挖土三尺深时，他忽然看到一个装满黄金的玉鼎，上面写着：“天赐孝子郭巨，官不得夺，人不得取。”

公瑜嫁婢　处道还姬

解说

宋代人钟离瑾，字公瑜，任德化县令时，为女儿准备陪嫁的婢女。他买来一名女子，得知该女子是前任县令的女儿后，决定像对待自己女儿一样，将她嫁给一户好人家。

隋朝杨素（字处道）在战乱中收留了陈国乐昌公主。乐昌公主原是陈后主的妹妹，其夫徐德言在战乱前与她各执半面破镜为信物，约定日后重逢。徐德言流落到京城，在市场上买到了乐昌公主的半边破镜，于是作诗："照（也作镜）与人俱去，照（也作镜）归人不归。"杨素知道实情后，把乐昌公主还给了德言。

允诛董卓　玠杀王夔(kuí)

解说

允，王允，东汉人。董卓，东汉奸臣。王允很有才略，任司徒时，定计诛杀了董卓。

玠，余玠，南宋人。宋司吏都统王夔极其残忍，百姓为其所害，余玠和亲将杨成定计，召王夔议事，乘机杀掉了他。

石虔矫捷　朱亥雄奇

解说

石虔，桓石虔，晋人，以勇力著称。石虔曾随父围猎，老虎受了箭伤趴在地上，其他大将都开玩笑让石虔去拔箭，石虔于是上前拔箭。拔出一支箭时，老虎痛得跳起来，他也跟着跳起来，而且比虎跳得还高。当老虎又趴下身去时，他又乘机拔得一箭，身手矫捷，让人惊叹。

朱亥，大梁人，勇敢侠义，隐在屠肆。侯嬴把他推荐给魏公子无忌（信陵君）。无忌派他拿着玉璧去向秦王道谢，秦王发怒，让他去虎圈。朱亥怒发冲冠，瞪着老虎，老虎竟不敢动，秦王于是以礼相待。后来，朱亥用四十斤铁锤杀晋鄙，夺得他的兵权，帮魏无忌救了赵国。

平叔傅粉　弘治凝脂

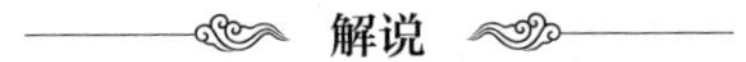

解说

三国时魏人何晏，字平叔。传说魏明帝见平叔肌肤很白，怀疑他搽了粉。于是，魏明帝在盛夏时赐给他热汤饼，何晏吃后大汗淋漓，擦完汗后，肤色更加皎洁。

杜乂，字弘治，东晋时期的名士。他的皮肤非常好，面目俊美，王羲之看到后，赞叹道："面若凝脂，眼如点漆，神仙中人也。"

伯俞泣杖　墨翟悲丝

解说

伯俞，韩伯俞，汉代人，非常孝顺。有一次做错了事，母亲用拐杖打他，他痛哭不止。母亲说："从前多次打你，都没有哭，这次为什么哭了？"韩答："从前儿都痛，知道母亲健康；这次不痛了，知道母亲年迈力衰，因此痛哭。"

墨翟，墨子，春秋战国时期思想家。他曾经看见染丝的人，悲叹道："染于苍则苍，染于黄则黄。五入则为五色，不可不慎也。非独染丝，治国亦然。"此作墨翟悲丝，通称悲染。

能文曹植　善辩张仪

解说

曹植，字子建，曹操的第三个儿子，魏文帝曹丕的弟弟，善于写文章。十岁能写诗，所作《七步诗》大受好评。

张仪，战国时魏人，善于辩论。他曾经在楚王府里饮酒，被诬告偷了楚怀王的玉璧，因此被打得遍体鳞伤。回家后，他问妻子："你看我的舌头还在吗？"妻子回答："在。"张仪说："舌头在就够了！"后来，他游说秦王，连横六国，使其他国家都割地事秦。

温公警枕　董子下帷

温公，司马光，宋朝宰相，封温国公。司马光读书十分刻苦，担心夜间熟睡耽误了读书，便以圆木为枕，当圆木一滚动，他就醒来，继续读书。

董子，董仲舒，西汉哲学家，儒家集大成者。汉景帝时为博士，在室内放下帐幕讲授。三年时间不出门窥园，研习经书。

会书张旭　善画王维

张旭，唐代著名书法家，善草书，被称为“张颠”“草圣”。生性喜欢喝酒，每当大醉，就呼叫狂走，之后才下笔作书，或用头发蘸墨书写，酒醒后自己再看，认为写得非常好。

王维，字摩诘，唐朝著名诗人、画家。曾任监察御史、节度府判官等，后又任尚书右丞，所以又称王右丞。王维最擅长写诗作画。宋朝苏轼说：“味摩诘之诗，诗中有画；观摩诘之画，画中有诗。”

周兄无慧　济叔不痴

解说

鲁成公十八年的春天，晋国的大夫将晋厉公杀掉，想去京师迎接周子（晋悼公）回国为君，因为周子有兄长，一些人不赞同。大夫认为："周子兄长没有智慧，连菽麦都不能分辨，因此不能立为君。"

晋朝王济叔父王湛，字处冲，少时有自己的看法，因此少言语，于是人人都认为他很痴。他的侄子王济因此也不向他行叔侄礼。有一次王济见叔叔床头有《周易》，十分吃惊，又听到他剖析玄理，甚是微妙，后来又与他一起乘马，见他十分善骑。晋武帝常以王济的叔叔为笑料，问他："卿家的痴怎么样了？"王济回答："我叔叔并不痴。"并赞美他说："我叔叔才干在山涛之下，魏舒之上。"

杜畿(jī)国士　郭泰人师

解说

杜畿，三国时魏人，字伯侯。建安中期，杜畿从荆州返回许昌，结识了侍中耿纪，两人常在夜间谈论时事。尚书令荀彧正住在耿纪的隔壁，听到杜畿的言谈，感到十分惊异，第二天派人去对耿纪说："有国士而不举荐，怎么能安居职位呢？"于是荀彧见了杜畿，就像老朋友似的，后来把杜畿推荐给曹操。

郭泰，东汉末年名士，一生未仕，专注于教育，弟子多达数千人。他不仅传授知识，更注重品德修养，被誉为“人师”。魏昭曾向他求学，表示“经师易遇，人师难遭”，希望在郭泰身边学习做人之道。

伊川传《易》　觉范论诗

解说

伊川，程颐，字正叔，世称伊川先生，洛阳人，北宋哲学家。易，指《易经》。少年时程颐与兄长程颢拜周敦颐为师。程颐讲学三十多年，赋予儒家经典新的“理性”解释。著有《易传》《春秋传》等。

觉范，南宋僧人彭觉范，名德洪，善论诗。他的弟弟曾说：“诗，贵得于天趣。”觉范说：“怎么能认识天趣？”弟弟说：“认识了萧何所以能认识韩信，那么天趣就可以认识了。”觉范不同意这种说法，但又说服不了弟弟。

董昭救蚁　毛宝放龟

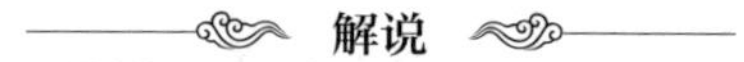
解说

汉代董昭，字公仁。董昭曾乘船过钱塘江，看见一只蚂蚁浮在短芒上，马上就要淹死了。于是就将蚂蚁救起。晚上，他梦见一个乌衣人来致谢，说他是蚁王，今后若有事情就告诉他。后来董昭被陷害入狱，就找来两只蚂蚁，要它们去告诉那个蚁王，果然不久就有许多蚂蚁前来咬断绳索，并挖出洞穴，让董昭逃了出去。

晋毛宝，字硕真。十二岁的时候看见渔人提着一只白龟，毛宝就把龟买下来放生了。后来他任邾城守令，与石虎打仗，战败后投江，结果脚下蹬着一个东西，靠着这个东西来到对岸，回头一看，原来是以前放生的白龟。

乘风宗悫(què)　立雪杨时

解说

宗悫，字元干，南朝宋时期著名将领。他年少时，叔父宗炳问他志向，宗悫回答：“愿乘长风破万里浪。”后来，宗悫随军征讨林邑，因战功被封为振武将军。攻破城池时，珍宝像山一样堆积，宗悫毫不为动。

杨时，字中立，北宋南剑州（今福建南平市）人。《宋史·杨时传》载：杨时四十岁时曾与游酢去拜见老师程颐。程颐正在打瞌睡，杨时不敢打扰，就站在原地等待。等程颐察觉时，门外已积雪深一尺，二人还立在那里。

阮籍青眼　马良白眉

解说

阮籍，字嗣宗，三国时期魏国著名诗人，竹林七贤之一。他性格放达不羁，不拘礼俗，常以“青白眼”示人。据

《晋书·阮籍传》记载，阮籍曾对前来吊唁母亲的嵇喜翻白眼，而对带来酒和琴的嵇康则青眼相待。

马良，字季常，汉末襄阳宜城人。《三国志·蜀志·马良传》称：马良，兄弟五人，并有才名，良眉中有白毛，乡里为之谚曰：“马氏五常，白眉最良。”

韩子孤愤　梁鸿五噫(yī)

韩子即韩非，韩国贵族，法家代表人物，与秦国的李斯同出于荀子门下。《史记·老子韩非列传》称：韩非见韩国国力削弱，多次上书进谏韩王，但是韩王都没有采纳。于是写了《孤愤》《五蠹》等十余万言。

梁鸿，字伯鸾，东汉人，年少时很贫困，但是博学。妻子叫孟光，二人隐居在霸陵山中。有一天，梁鸿经过洛阳，看见宫室奢侈华丽，于是作《五噫歌》：“陟彼北芒兮，噫！顾瞻帝京兮，噫！宫阙崔嵬兮，噫！民之劬劳兮，噫！辽辽未央兮，噫！”汉章帝听到后，很生气，于是下令逮捕他。梁鸿只得改姓易名，与妻子搬到遥远的齐鲁之间，为人做工，两人举案齐眉、相敬如宾。

钱昆嗜蟹　崔谌乞麋(mí)

解说

钱昆，字裕之，北宋淳化进士，官至秘书监。生性喜好吃蟹，曾经申请到地方任职，说：“只要有蟹，且没有通判掣肘的地方，都可以满足我的心愿。”

崔谌，北齐人，巧取豪夺，曾向李绘乞求麋角、鸽羽，李绘不从，说：“鸽有六羽，飞则冲天；麋有四足，走便入海。下官手足迟钝，不能追捕飞禽走兽，所以无法取之向人献媚。”

隐之卖犬　井伯烹雌

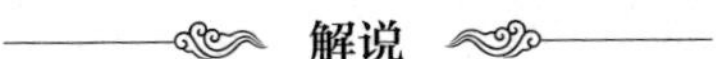

解说

吴隐之，字处默，晋时濮州人，一生清廉。因嫁女买不起嫁妆，只得把狗拿去卖。

井伯，即百里奚，字井伯，春秋时期著名政治家。因家境贫困，且井伯出游不返，妻子无以自给，便西入秦国，成为洗衣妇。两人因此失散。后来，百里奚成为秦国宰相，妻子得知他的身份，却不敢相认。一日，百里奚在堂上作乐，一女子自言知音，弹琴而歌，歌词中提到“烹伏雌，炊扊扅”，百里奚这才认出她是自己的妻子，夫妻得以团圆。

枚皋敏捷　司马淹迟

解说

枚皋，字少孺，西汉淮阴人，才思敏捷。汉武帝出巡时，每有所感，则命他作赋，他受召即成。因此扬雄说：“军旅之际，戎马之间，飞书驰檄，则用枚皋。”

司马相如，字长卿，西汉辞赋家，他作了很多赋，至今尚有《子虚》《上林》等名篇传世。司马相如作赋时常常需要很长时间构思，甚至数月才能完成，但其作品“首尾温丽”，堪称经典。

祖莹称圣　潘岳诚奇

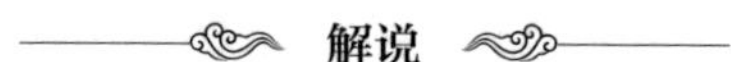

解说

祖莹，字元珍，南北朝时北魏人。八岁能通《诗》《书》，父母担心他看书成病，因此不让他看那么久的书，但是他常常在父母熟睡之后燃火读书。时人称他为“圣小儿”。

潘岳，字安仁，西晋荥阳中牟人。《晋书·潘岳传》记载：“岳少以才颖见称，乡邑号为奇童。”曾任河阳守令，满县种桃李，人称河阳满县花。

紫芝眉宇　思曼风姿

解说

唐朝元德秀，字紫芝，河南人。少年丧父，侍奉母亲极为孝顺。后来任鲁山令，为官清廉自守。后隐居陆浑山中。元德秀一生清廉自守，不慕名利，唐玄宗曾赞其为“贤者”。房琯看到德秀，赞叹说：“见紫芝眉宇，使人名利之心都尽。”

思曼，即南北朝时张绪，字思曼。年少就有才名，风姿清雅，做过国子祭酒。齐武帝曾称赞蜀地的柳树：“此柳风流可爱，似张绪当年。”

毓会窃饮　谌纪成糜

解说

钟毓、钟会是三国时期书法家钟繇的两个儿子。白天，钟繇睡觉的时候，两人乘机偷饮父亲的酒。钟繇假装睡着，偷偷观察，只见钟毓先拜后饮，而钟会饮而不拜。事后，钟繇问原因，钟毓说：“酒以成礼，不敢不拜。”钟会说：“偷本非礼，所以不拜。”

东汉桓帝时，太丘陈寔的儿子陈谌、陈纪与父亲齐名，被称为三君。一天，有客人来访，两人听父亲与客人谈话入神，把饭煮成了粥。太丘说：“你们两人听了有什么收获？”二子跪下复述所听到的谈话，没有一句遗漏。太丘高兴地说：“像这样，喝粥也可以啊。”

韩康卖药　周术茹芝

解说

韩康，字伯休，出身名门望族，但不愿入仕为官。他常在名山采药，然后到长安市上售卖，坚持“言不二价”，即从不因人而异改变价格，长达数十年。一次，一位女子买药时怒道：“没有二价，你难道是韩伯休吗？”韩康感叹道：“我本想隐姓埋名，如今连女子都知道我，何必再卖药呢？”于是隐居霸陵山中。

周术，字元道，是传说中的四皓之一。曾作《紫芝歌》：“莫莫高山，深谷逶迤。晔晔（也做烨）紫芝，可以疗饥。唐虞世远，吾将何归？驷马高盖，其忧甚大。富贵之畏人兮，不若贫贱之肆志。”

刘公殿虎　庄子涂龟

解说

刘公，即刘安世，字器之，北宋末年任台谏官。宋哲宗时，他在朝堂上知无不言，言无不尽，哪怕是皇上龙颜大怒，他也直言不讳。因为他敢于直言，被称为“殿上虎”。

庄子，即庄周。楚王想让庄子出来做官，庄子说：“一只神龟宁愿活在泥沼中，也不愿死后被供奉在庙堂上。而我就宁愿生活在泥沼中啊。”庄子宁愿做一只泥污中的平凡乌龟，也不愿意做死后供奉在朝堂之上的神龟。因为他希望自己平淡地生活，而不愿意整天被权势束缚着。

唐举善相　扁鹊名医

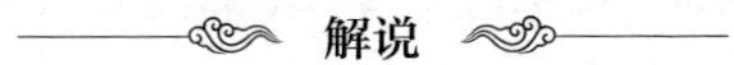

解说

战国时蔡泽请唐举给自己看相，唐举说："圣人都不看相，你难道要看？"蔡泽说："我自有富贵，只是不知道我的寿命。"唐举说："从今往后可以再活四十三岁。"蔡泽说："富贵四十三年就够了。"后来蔡泽果然担任秦相。

扁鹊，战国时名医。在别人看来扁鹊的确是名医，但是在他自己看来，他只是一名普通的、能帮人治病的医生，而他的两位兄长才真正是医术极高的人。他的长兄观神色就能在病还没有出现的时候将它治愈；第二个哥哥在病初露端倪时就可以将它治愈；而自己只有诊血脉、施草药才能将人治愈。所以他认为自己的医术不如哥哥。

韩琦焚疏　贾岛祭诗

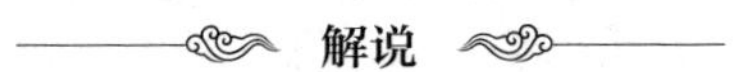

解说

韩琦，字稚圭，北宋名相，曾担任谏官三年。他为官正直，多次向皇帝进谏。韩琦曾打算将自己所存的谏稿全部焚烧，效仿古人谨慎保密的做法，但又担心这样做无法彰显皇帝从谏如流的美德，于是将谏稿结集成册，编为《谏垣存稿》。

贾岛，唐朝诗人。相传，贾岛晚年，每天都要写诗，后于每年除夕捡集一年所作诗，祭以美酒肉脯，说：“劳我精神，以是补之。”

康侯训侄　良弼（bì）课儿

解说

宋人胡安国，字康侯。他的侄儿胡寅，年少时顽皮淘气，于是他把胡寅关在有书千卷的阁楼中。一年后，胡寅竟然把所有的书都背诵下来，最后一举中第。

宋进士余良弼以善于教子而闻名于世。他曾写教子诗：“白发无凭吾老矣，青春不再汝知乎？年将弱冠非童子，学不成名岂丈夫？”他的教子方法是循循善诱，用心良苦，动之以情，晓之以理。

颜狂莫及　山器难知

解说

颜，颜延之，南朝宋人，生性耿直，说话无所畏惧，就连对皇上都是一样，当时的人称他“颜彪”，他自称“狂放无人能及”。

山涛，字巨源，西晋时期著名的政治家和文学家，竹林七贤之一。王戎曾评价说：“山涛的德行和才能如同未经雕琢的美玉和纯金，人们都钦佩他的高尚品德，但难以完全了解他的器量。”

懒残煨芋　李泌烧梨

解说

懒残，唐僧明瓒。唐德宗派使者诏请懒残，使者到时，懒残正在拨牛粪烧的火堆，找里面的芋头吃，鼻涕垂到胸前也不理会。使者劝他擦去鼻涕，懒残说：“我哪有闲工夫为俗人擦去鼻涕呢？”

李泌，唐朝大臣。据说李泌精通辟谷术和养生之道，很讲究饮食，人到老年依然鹤发童颜，气色像年轻人一样。在进行辟谷绝食时，唐肃宗只赐给他两个烧梨作为食物。

干葚杨沛　焦饭陈遗

解说

杨沛，字孔渠，三国时魏人。东汉末年，他任新郑长时，让百姓们储备了很多桑葚干和野豆。曹操迎汉献帝时缺少粮食，杨沛曾拿出桑葚干和野豆送给缺粮的曹操军队，帮助曹操渡过了难关。

晋代人陈遗担任吴郡主簿，母亲喜欢吃锅底的焦饭，陈遗每次煮饭，必定储存一些焦饭，拿回家给母亲吃。经受战乱时，陈遗便拿着他平时积攒下来的焦饭逃到山中，才得以活命。后来陈遗被举为孝廉。

文舒诫子　安石求师

解说

三国魏人王昶，字文舒，曾用起名来体现他对子侄辈的要求：浑、深、沦、湛，让他们重修身、重德行。

宋代王安石曾说："求师须博学善士。"他认为孩子可塑性比较强，近朱者赤，近墨者黑。如果刚开始就选择不适合的老师，有可能会对孩子造成不好的影响。

防年末减　严武称奇

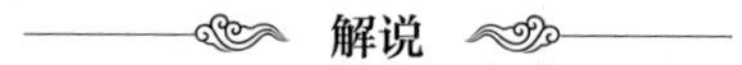

解说

末减，意为最后减罪。汉朝人防年的继母杀了他父亲，防年就将继母杀死，廷尉判他大逆之罪，景帝认为难以量刑。其子刘彻时年十二，在旁边说："继母杀其父，下手之时，就已经没有母亲的道义存在，这是父仇，不应该认为是违逆。"后来防年的罪行就被减轻了。

严武，唐代人。其八岁时，父严挺之虐待母亲裴氏，而宠爱妾玄英。严武夜里拿着铁锤到玄英房里，趁她睡着，将她杀害。左右惊骇，说："是小儿误杀吧。"严武说："哪有身为朝廷重臣宠妾而辱没夫人的道理，所以我把她杀了，不是误杀。"

邓云艾艾　周曰期期

解说

三国时魏将邓艾口吃，晋文王司马昭戏弄他说：“卿说艾艾，是几个艾？”他回答：“凤兮凤兮，故是一凤。”回答得非常巧妙。

西汉人周昌口吃，然而刚直敢言，高祖刘邦想要换太子，周昌怒说：“臣口不能言，然期期知其不可，陛下欲易太子，臣期期不奉诏。”刘邦欣然而笑，就没有换太子。

hú　　yuān chī

周师猿鹄　梁相鹓鸱

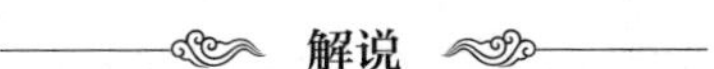

解说

《抱朴子》记载：“周穆王南征，一军尽化，君子为猿为鹄，小人为虫为沙。”

梁相，惠施，战国宋人。鹓，鹓雏，传说中和凤凰同类的鸟；鸱，猫头鹰。有人对惠施说：“庄子要来取代你的相位了。”惠施担心起来，在国中寻找了庄子三天三夜。庄子便自己去见惠施，说：“南方有鹓雏鸟，从南海飞往北海，停在梧桐树上，吃竹实，喝甘泉。有一只鸱鸮抓了只死老鼠，以为飞过的鹓雏要来夺自己的食物了，就仰头恐吓道：‘吓，你如今也想用你的梁国来吓唬我吗？’”

临洮(táo)大汉　琼崖小儿

解说

传说秦始皇二十六年，在临洮有身长五丈、足长六尺的十二个巨人出现。秦始皇统一六国后，模仿临洮大汉，铸十二个金人，立于阿房宫前。

宋朝李守忠奉命到琼州，见琼州人杨避举的父亲已一百二十岁，杨避举的祖父已一百九十五岁。又见梁上鸡窝中一人伸出脑袋，杨避举的祖父说："这是前代祖先，不语不食，不知活了多少年。每当初一十五时，子孙就把他请下来列队叩拜。"

东阳巧对　汝锡奇诗

解说

东阳，李东阳，明人。幼年时他被誉为神童，进入朝廷时，因为身材矮小，跨不进门槛。明英宗笑着说："神童足短。"李回答："天子门高。"英宗把他抱在膝上，李东阳的父亲伏在阶下，皇帝说："子坐父立，礼乎？"李回答："嫂溺叔援，权也。"皇帝又说："螃蟹浑身甲胄。"李回答："蜘蛛满腹经纶。"

宋代人陈汝锡幼时聪颖，曾作诗："闲愁莫浪遣，留为痛饮资。"诗人黄庭坚称赞说："真是我辈人啊。"用不同的诗句再次说明"举杯消愁愁更愁"的道理。

启期三乐　藏用五知

解说

启期，荣启期。孔子游泰山时见到他，问他以何为乐，他以生而为人、生而为男人、享天年为人生三乐。

藏用，宋代李若拙。“五知”为李若拙的儿子李绎作，指知时、知难、知命、知退、知足。

堕甑(zèng)叔达　发瓮钟离

解说

孟敏，字叔达，东汉人，性格刚直。一次，孟敏手上拿的甑掉在地上，他头也不回地往前走，郭泰看见了，就问他缘故。孟敏说：“甑都已经破了，看还有什么用。”由此可见孟敏拿得起、放得下的豁达性格。

东汉人钟离意为鲁相，出钱修孔庙。有一个叫张伯的在堂下除草，得到玉璧七枚，藏起一枚，向钟离意报告得到六枚。后来，钟离意在庙中发现一悬瓮，内有文字：“后世修吾书，广川董仲舒，护吾车，拭吾履，发吾笥，会稽钟离意。璧有七，张伯怀其一。”

一钱诛吏　半臂怜姬

解说

宋朝人张咏担任崇阳知县，一个小官吏从库中出来，头发边有一文钱，是库中钱，张咏命令以杖责罚他。小官不服气地说：“一文钱有什么了不起，你能杖责我，却不能斩我的头。”张咏拿笔判决：“一日一钱，千日千钱。绳锯木断，水滴石穿。”并且亲自提剑斩杀了他。

半臂，短袖上衣。宋代宋祁有众多妻妾，一天宋祁在锦江赴宴，微寒，派人回家拿短袖上衣，结果众妻妾各送一件，共十余件。宋祁恐怕有厚薄之嫌，不敢穿，就忍冻回家。

王胡索食　罗友乞祠

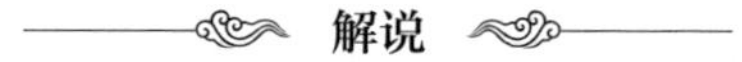

解说

晋朝人王胡之，字修龄，年少时有好名声，家庭贫困。陶胡奴担任乌程令时，送一船米给他，他推辞不接受，说：“王修龄如果饿了，当向谢仁祖索食，不须陶胡奴米。”

晋代人罗友好酒，喜欢向人求食，于是他喜欢在人祭祀祖先的时候去祠堂乞食。如果到得早就躲在门边，等到天亮后得到食物才回来。他不以此为羞，反而觉得很高兴。

召父杜母　雍友杨师

解说

召，召信臣，西汉人，大兴水利，造福一方，人们尊称他为“召父”。杜，杜诗，东汉人，诛暴立威，广开田地，使郡内殷足，民誉为“杜母”。

杨冲远，兴元人；雍退翁，洋州人，都是宋高宗时大臣。南宋时，川陕官抚处置使张浚巡查兴元，曾问杨用中，当地有无可交游之人，杨用中就赞誉说：“杨冲远可以为师，雍退翁可以为友。”

直言解发　京兆画眉

解说

唐代贾直言被流放到南海，临行前对妻子说：“我走后，你改嫁吧。”妻子董氏就把头发束起来，用帛封好，说：“除非你亲手把我的头发解开。”贾直言二十年后才回来，妻子头上封帛如故。

汉代张敞担任京兆尹，曾亲自为妻子画眉，可是却遭到别人的弹劾，他说：“闺房中的事情用得着别人指手画脚的吗？”

美姬工笛　老婢吹篪(chí)

解说

晋代石崇有一个美丽的歌姬叫绿珠，善于吹笛，孙秀曾要求得到绿珠但没有成功，就假传圣旨抓石祟。石崇对绿珠说："我因为你而获罪。"绿珠说："我以死谢罪。"于是跳楼而亡。

后魏河间人王琛，有个婢女善于吹篪。诸羌叛乱时，王琛命这个婢女扮作贫穷女子在阵前吹篪乞讨，诸羌听后心想自己何必离乡背井到山中为寇呢？于是就投降了。

敬叔受饷　吴祐(hù)遗衣

解说

南北朝时，何敬叔担任长城令，为政清廉，不接受礼品。有一年逢灾，他忽然在门上张榜，接受礼物。没几天就得到米二千八百石，他用这些米替贫民交了租，之后就再也不接受馈赠。

汉代人吴祐，陈留长垣人，为官清正廉明。有一个姓孙的官员，私下里向百姓收税为父亲买衣服，他的父亲说：“有这样的太守，怎么还忍心谋私呢？”于是姓孙的官员拿着衣服到吴祐面前伏罪，吴祐说：“观过而知仁。”于是将衣服还给了他。

淳于窃笑　司马微讥

淳于，淳于髡，战国齐人。当楚国攻齐国时，齐王让他带金百斤、车十驷到赵国去请救兵。淳于髡大笑，齐王问他为什么笑，淳于髡说：“假如有人用一只猪蹄、一杯酒祈求上天赐五谷丰登，家中富足，不是太不般配了吗？”齐王听后改出金千斤、白璧十双、车马百驷请求救兵。赵国最终发救兵十万，帮助齐国。楚军听说后，连夜撤退了。

司马，司马承祯，唐道士。卢藏用隐居终南山，但是又很想做官，后来朝廷征他为左拾遗。卢藏用在路上遇见司马承祯，说：“这儿有许多好地方，你何必一定要回天台山呢？”司马承祯说：“终南山只不过是做官的捷径啊！”“终南捷径”一词由此出。

子房辟谷　公信采薇

子房，即张良。辟谷，一种道家养生术。张良辅佐刘邦定天下后功成身退，处处表示知足以期自保，后辟谷学道。

公信，即伯夷。他与弟弟叔齐劝周武王不要讨伐商纣王，但是没有成功。周灭商后，他们不吃周粮，逃进首阳山采薇为食，最后饿死了。

卜商闻过　伯玉知非

解说

卜商，字子夏，孔子的学生。曾子曾指出子夏的过错，子夏听后虚心接受，并说：“吾过矣，吾过矣。”

伯玉，指蘧瑗，孔子弟子。《淮南子》中说到他年五十才明白了人生的真谛，于是认为以前的四十九年都白活了。

仕治远志　伯约当归

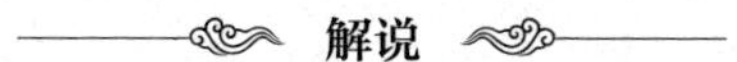

解说

郝隆，字仕治，晋时高平人，曾在桓温军中任参军。谢安当时在桓温军中任司马，却早有隐居之意。有人给桓温送草药，其中有远志。桓温问谢安：“此药为什么又叫小草？”谢安没有来得及回答，郝隆就应声说：“很简单，处为远志，出为小草。”为此谢安感到很羞愧。

汉末姜维，字伯约，少年丧父，与母亲相依为命。归为诸葛亮旗下后，与母亲分别。一天，他收到母亲的来信，要求他回家，姜维回信说：“良田百顷，不在一亩；但有远志，不在当归也。”意思是，他志在入世为官，而不是隐居田园。

商安鹑(chún)服　章泣牛衣

解说

商，即卜商，字子夏。鹑服，破旧衣服。子夏家中贫穷，虽然是炎热的夏天，穿着破旧的衣服，但他却能安然处之。

汉代王章，字仲卿，西汉泰山钜平人。王章家境贫困，身患疾病，却没有被子御寒，卧在牛衣中，哭泣着与妻子诀别。妻子怒斥他说：“满朝廷的人谁能超过你的学问，不思进取，反而哭泣，真没用！”后来王章做了京兆尹，上封事过直。他的妻子又制止他说：“人当知足，应该想当年牛衣泣涕的时候。”“章泣牛衣”由此得来。

蔡陈善谑　王葛交讥

解说

北宋时，蔡襄与陈亚都善于写诗，也喜好戏谑。一次，喝酒喝到高兴时，蔡襄道：“陈亚有心终是恶。”陈亚当即对：“蔡襄无口便成衰。”听到的人大笑不止。

晋朝名士王导与诸葛恢争论姓族的先后，王导说：“为何不说葛王，而说王葛呢。”诸葛恢说：“就像说驴马，不说马驴一样，驴难道能超过马吗？”二人互相讥讽，却也不乏风趣幽默。

陶公运甓(pì)　孟母断机

解说

甓，砖。晋代人陶侃任广州刺史时，早晨运百砖到屋外，晚上又运回来，有人问缘故，他说：“我致力收复中原，过久了安逸舒适的生活，恐怕将来不堪担当大事，因此现在要用劳动作为锻炼。”

孟子父亲死后，他由母亲抚养。一天，孟子逃学回家，孟母问他：“学到什么程度了？”孟子说：“差不多了吧。”孟母于是用刀砍断正在织的布匹，说：“你中途逃学，就像这匹断开的布一样。”孟子震惊了，从此以后勤奋学习，最终成为一代圣人。

少帝坐膝　太子牵裾

少帝，晋明帝司马绍，元帝长子。明帝小时坐在父亲膝上，接见从长安来的使者，使者问明帝："长安和太阳哪个远？"明帝说："太阳远，没听说有人从太阳那里来。"元帝很惊奇。第二天元帝在群臣宴上谈及此事，又问这个问题，明帝却答道："太阳近。"元帝很奇怪，说："为什么和昨天说的不一样呢？"明帝说："抬头见日（指元帝），却不见长安啊。"

晋代愍怀太子小时聪慧。五岁时，宫中失火，武帝登楼观火，太子牵武帝衣服让他进入暗处。武帝问原因，他说："暮夜仓卒，宜备非常，不宜亲近火光，令照见人主。"小小年纪竟然将事情预料得如此周密，可见其聪明才智。

卫懿(yì)好鹤　鲁隐观鱼

解说

卫懿公喜欢鹤，让鹤乘大夫坐的车，当狄人进攻卫国时，将士们说：“让鹤去打仗吧，我们这些人哪里会打仗呢？”最后卫国大败。

鲁隐公将到棠这个地方观看捕鱼，臧僖伯劝谏说：“凡与国家大事无关的事情，国君不应该去重视。”但是鲁隐公最终还是没听僖伯的劝阻。

蔡伦造纸　刘向校书

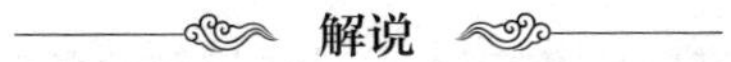

解说

汉和帝时，宦官蔡伦在前人经验的基础上，用树皮、麻头、破布、渔网等造出了用来写字的纸，这种纸被称为“蔡侯纸”。

刘向是西汉时的学者，汉宣帝时令他在石渠讲授六经，后来成帝又让他担任校中五经秘书的官职，命他校定藏书，编成《别录》。后来他的儿子刘歆继承父业，编成了《七略》。

朱云折槛　禽息击车

解说

朱云在汉成帝时任槐里令，他曾当着满朝公卿大臣的面，指出朝中许多大臣尸位素餐。当成帝询问奸臣是谁时，朱云直指丞相张禹。成帝大怒，欲将朱云处死。朱云抓住殿前门槛大叫，自比夏朝的忠臣比干，以至于门槛都被拉断。汉成帝赦免了他，并下令修缮门槛，以表彰敢于直言的人。

禽息，春秋时秦国大夫，曾向秦穆公推荐百里奚，但是没有被秦穆公采纳，禽息于是以头撞穆公的车。秦穆公这才感悟，重用百里奚，秦国因此强大起来。

耿恭拜井　郑国穿渠

解说

东汉将领耿恭在匈奴的围攻下率部退守疏勒城，但匈奴人切断了疏勒城的水源，城中将士陷入绝境。在困境下，耿恭命人在城中掘井，但挖到十五丈深仍未见水。耿恭整理衣冠，对着井拜了两拜，祈求上天庇佑。随后，他亲自率众继续挖掘，不久泉水喷涌而出。

郑国，战国时韩国人。战国时期，韩国为防止秦国的进犯，派水工郑国劝秦国修水渠，以消耗秦国国力。秦国发觉了韩国的用意后，要杀郑国，郑国说：“开始时我虽然是用计，但是如果水渠修成也是对秦国有利的。”水渠修成后，灌溉良田万亩，秦国逐渐富强，于是命名该渠为郑国渠。

国华取印　添丁抹书

解说

宋代人曹彬，字国华。在周岁抓周时，曹彬面前放着刀枪剑戟、笔墨纸砚、权杖印玺之类的物品，可是他左手拿干戈，右手拿俎豆，又取一印，对其余的东西视而不见，人人都很惊异。后来，曹彬被封为鲁国公。

唐代诗人卢仝为儿子取名叫添丁。添丁喜欢用墨涂书，将书弄得黑乎乎的，于是卢仝写下了“忽来案上翻墨汁，涂抹诗书如老鸦”这样的诗句。

细侯竹马　宗孟银鱼

解说

汉代郭伋，字细侯。他在并州做官时，为官清廉，广施恩德，深受百姓爱戴。后来他又出任并州刺史，数百儿童骑竹马来迎接他。

银鱼，唐朝五品以上官员，按级别分别佩金、银、铜鱼。北宋的蒲宗孟，担任翰林学士，宋神宗认为翰林职清地近，而官仪未备，应该按等级佩鱼，蒲宗孟因此佩带银鱼。

管宁割席　和峤专车

解说

管宁，三国魏人，与华歆是朋友，二人曾在同一张竹席上读书。有乘轩服冕的官吏从门前过，华歆丢下书去看，管宁把席一割为二，说："你不再是我的朋友。"

晋朝中书监与中书令常同乘一辆车进入朝廷，到和峤担任中书令时，因为鄙视中书监荀勖的为人，于是自己乘坐专车。可见，爱好、兴趣不同的人是很难成为朋友的。

渭阳袁湛　宅相魏舒

解说

渭阳，指舅父和外甥。晋朝人谢绚曾在座上对舅舅袁湛无礼，袁湛说："你父亲过去轻视我，你现在也轻视我，真所谓世无渭阳情啊。"

魏舒，字阳元，少时住外婆家。相宅的人说："这里必然会出贤甥。"魏舒也自负地说："我一定不辜负外婆家的好风水。"后来他果然担任司徒。

永和拥卷　次道藏书

解说

李谧，字永和，年少好学，立志以琴、书为业，做书籍的整理、校勘，朝廷屡次征召不应。他曾说：“丈夫拥书万卷，何暇南面百城。”

晋代宋次道，家中藏书都校勘过三五遍，当时的人把他家的藏本作为摹本。于是很多人纷纷在附近租房，以求方便借书，因此他家附近的房租比别处贵很多。

镇周赠帛　宓子驱车

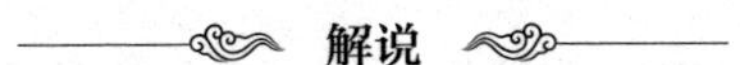

解说

镇周，张镇周，唐人。初任都督时，他召集亲朋好友欢宴十日，又分别赠给金帛，后来与众人作别时说：“今日还能与故人欢饮，明日就要为官了。王法私情不能两重，犯了王法，就要以法治罪了。”后为政严谨，境内肃然。

宓子，宓不齐，春秋鲁人，孔子弟子，为单父宰。赴任时去拜访阳昼。阳昼说：“我从小贫贱，不懂治民的方法，只有钓鱼的两种方法相赠：投钓丝放鱼饵后，马上来咬钩的鱼肉薄而味不美。若即若离，似吞饵似不吞饵是鲂鱼，体厚而味美。”上任那天，一些官吏远道迎接，宓不齐说：“快赶车，快赶车，上钩的鱼来了。”到任后，他亲近有名望的长者，尊敬有知识的贤者，政绩显著。

廷尉罗雀　学士焚鱼

解说

廷尉，指翟公。刚开始，翟公担任廷尉，宾客盈门；后来，他遭贬，门可设罗网捕雀。不久，又恢复廷尉的职位，宾客又想要交往，翟公在门上写着：“一死一生，乃知交情；一贫一富，乃知交态；一贵一贱，交情乃见。”人情冷暖、世态炎凉由此可知。

南北朝时张褒，任翰林学士。梁天监时，御史弹劾他不尽学士之职，张褒气愤地说：“青山不幸负我。”于是焚烧掉佩带的银鱼，离职而去。

冥鉴季达　预识卢储

解说

宋代杨仲希，字季达，年轻时在成都某家作客，主人家少妇想与他调情，季达严词拒绝。他的妻子在家中梦见有人说：“你丈夫独处他乡，不在暗处做亏心事，神明知道了，明年必定中举。”第二年，季达果然中了状元。

唐代卢储考进士，投书拜见尚书李翱。李翱的大女儿十五岁，看见书信，说：“此人必定会考中状元。”李翱于是招他为女婿。第二年，卢储果然中榜首。

宋均渡虎　李白乘驴

解说

宋均，字叔庠，他在任九江太守时，当地多有猛虎出没，频繁伤害百姓，设置陷阱也不能解决问题。宋均说："这是因为官员贪暴，应该进忠言，退奸吏，可以移去槛阱。"这样以后，老虎果然向东渡江而去。

传说唐代诗人李白曾经骑驴过华阴，县令不准他骑驴。李白写诗云："曾使龙巾拭唾，御手调羹，贵妃捧砚，力士脱靴。想知县莫尊于天子，料此地莫大于皇都，天子殿前尚容吾走马，华阴县里不许我骑驴？"知县大惊，向他谢罪。

仓颉造字　虞卿著书

解说

仓颉是传说中黄帝的史官，据说他观鸟迹虫文，创制了文字。

虞卿是战国时游说之士，曾经向赵孝成王游说，第一次得到黄金百镒，第二次被任命为上卿，故号虞卿。著书八篇，世号《虞氏春秋》。

班妃辞辇（niǎn） 冯诞同舆（yú）

解说

汉成帝游后庭，想要与班婕妤同车，班婕妤说："圣贤之君，都有名臣在身旁；亡国之君，才有嫔妃在侧。"汉成帝这才作罢。

冯诞与北魏高祖拓跋珪同年，幼时曾经侍奉高祖读书，娶了高祖的妹妹乐安公主，高祖常与他一同乘车、一同就食，还同席坐卧。

西山精卫　东海麻姑

解说

《山海经》记载，炎帝的女儿名叫精卫，游东海时被淹死，化为冤鸟，常衔西山的木石填东海。

《神仙传》记载，东海中有神仙名叫麻姑。传说她成仙后，曾经三次经历沧海变桑田。

楚英信佛　秦政坑儒

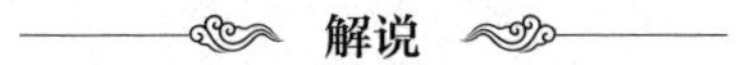

解说

汉代光武帝的第六子刘英，被封为楚王。明帝时派人到西域求佛，带回佛书，楚王刘英最先信佛。

秦始皇，名政，讨厌儒生借经书发议论，命令焚烧

《诗》《书》、百家语，并将犯禁的儒生活埋。

曹公多智　颜子非愚

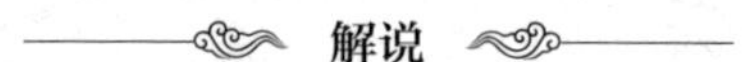

曹操率军征讨马超，战于渭南时，在阵前与敌将韩遂叙旧，很多人围观，曹操笑着说："你们想看看我吗？我是一个普通的人啊，只是多智罢了。"

颜回，字子渊，是孔子的学生，天资聪明。很小的时候他见孔子，孔子说："回也不愚。"

伍员覆楚　勾践灭吴

伍员，楚国人，字子胥，是伍奢的儿子。伍奢因为进谏被楚平王杀害，伍员逃到吴国，说服吴王讨伐楚国。最终导致楚国都城郢被攻破。

越王勾践失败后，进入吴国做奴仆，后用范蠡的计策才能回到自己的国家。从此卧薪尝胆，整治军队，终于灭掉吴国。

君谟龙片　王肃酪奴

解说

宋代蔡襄，字君谟。他在担任福建转运使期间，改进了龙凤团茶的制作工艺，制造出一种小片龙茶，称为“龙凤团”。这种茶饼制作精良，每二十饼重一斤，价值黄金二两，极为珍贵。

酪，乳浆。南北朝时，王肃曾将羊肉和鱼羹等做比较，他说：“羊比齐鲁大邦，鱼比邾莒小国，茶味更不行，只能与奶酪为奴了。”人们因此称茗饮为酪奴。

蔡衡辨凤　义府题乌

解说

汉代辛缮隐居在华阴，光武帝征召，他不愿出仕。有一种鸟高五尺，五彩缤纷，青色最多，栖息在辛缮家的槐树上。太守报告说那是凤，太史令蔡衡说：“凡是像凤的鸟有五个特征：红色重为凤，青色重为鸾……这只鸟青色多，因此是鸾，不是凤。”

唐代李义府初次见唐太宗时，被要求以乌为题作一首诗。李义府说：“日里扬朝彩，琴中伴夜啼。上林多少树，不借一枝栖。”唐太宗说：“我把全部树枝借给你，岂止一枝。”于是任命他为御史。

苏秦刺股　李勣焚须

解说

股，大腿。战国时苏秦游说秦国没有成功，回来时妻子不下织机迎接他，嫂子也不给他做饭。苏秦决心发愤读书，读到想睡觉时，就用铁锥刺大腿。经过多年的刻苦努力，他最终成功游说六国合纵抗秦，佩六国相印。

唐代徐世勣，唐太宗赐姓李，任命为仆射。他的姐姐病了，李亲自煮粥，烧掉了胡须。他姐姐说："家里有那么多仆人，何必要你亲自煮呢？"李说："你我都年纪大了，我还能为你煮几次呢？"

介诚狂直　端不糊涂

解说

宋代石介，字守道，担任太子中允，十分忠直。人们称赞他狂直。

宋太宗病危，宣政使王继恩等忌恨太子英明，想另立楚王。吕端正担任宰相，所以当太宗死后，他就将王继恩锁在书阁中，请太子入内，亲自扶助真宗登基，还揭帘审视，看清是真宗后才下拜。宋太宗曾称他小事糊涂，大事不糊涂，对他的人品早有预见。

关西孔子　江左夷吾

解说

东汉杨震，华阴人，通晓经书，弟子千人，人称“关西孔子”。

管夷吾，即管子，春秋时期齐国贤相。晋代王导，善于运用机谋。当时江左刚刚创立，温峤很担心，王导说：“江左自有管夷吾，您有什么忧虑的呢？”

赵抃(biàn)携鹤　张翰思鲈

解说

宋代赵抃，弹劾不避权贵，被称为铁面御史，到蜀地做官时，只带一琴一鹤。

晋代张翰，担任齐王的大司马东曹掾，因见秋风起，而思念吴中的鲈脍、莼羹，叹息说：“人生贵在心意合适，何必要到数千里外来求名位呢？”于是驾车回家。不久齐王事败，人们都说他有先见之明。

李佳国士　聂悯田夫

解说

李膺，字元礼，他饱读诗书，深受士人敬仰。李膺曾与一个名叫聂季宝的人交谈，尽管聂季宝出身低微，但李膺认为他将来必成大器，称赞他为“国士”。后来，聂季宝果然成为杰出人才。

唐代诗人聂夷中，很同情种田人，曾作《伤田家》诗：“二月卖新丝，五月粜新谷。医得眼前疮，剜却心头肉。我愿君王心，化作光明烛。不照绮罗筵，遍照逃亡屋。”

善讴王豹　直笔董狐

解说

讴，歌唱。战国时期，卫国王豹善于唱歌，后来人们受他的影响都很爱唱歌。

董狐是春秋时期晋国史官，以直笔闻名。赵穿弑晋灵公，正卿赵盾逃亡，赵盾回来后又不讨伐弑君的赵穿。于是董狐直接写道：“赵盾弑其君。”孔子说：“董狐，古之良史也，书法不隐。”

赵鼎倔强　朱穆专愚

解说

宋代大臣赵鼎，不附和议和，被秦桧贬到吉阳军，赵鼎上谢表说：“白首何归，怅余生之无几；丹心未泯，誓九死以不移。”秦桧看到谢表，说：“这个老头的倔强和当初一样。”三年后，赵鼎绝食而死。

汉代人朱穆，性格刚直，小时候专心读书，常丢失衣帽，或落在坑中，他的父亲认为他专愚，连马有几条腿都不知道。

张侯化石　孟守还珠

解说

汉代张颢担任梁相。一天雨后，他看见一只像山雀模样的鸟掉在地上化为圆石，打开一看，里面有金印，印文为“忠孝侯印”。

汉代孟尝担任合浦太守，合浦产珍珠，因为前任太守贪暴，于是人们都要到外地去做生意。孟尝革除弊政，商业又复兴起来，失去的珍珠又回来了，百姓也跟着富裕起来。

毛遂脱颖　终军弃繻(xū)

解说

毛遂是战国时平原君的门客，曾自荐去楚国做说客。平原君说：“贤士处世，就像锥子放在囊中，其锥末马上可以看见。你到我这里三年了怎么还没有建树？”毛遂说：“臣今天请求进入你的囊中，就能脱颖而出，并且不仅仅是露出锥末。”

繻，古代出入关口的凭证。终军，汉代人，字子云。他入关时，守关的小吏给他返回的凭证，终军说：“大丈夫西游，不会再回来了。”于是丢弃凭证而离去。

佐卿化鹤　次仲为乌

解说

唐代徐佐卿，是四川的道士。唐玄宗出猎，向孤鹤射出一箭，鹤带箭向西南飞走。徐佐卿回到山中，对弟子说：“我出游中箭。”于是将箭挂在墙上，并说：“等箭的主人来取。”后来唐玄宗到四川，认出这支箭，才知道先前的鹤是徐佐卿变的。

传说秦朝王次仲，将仓颉的旧文变化为当时的隶书，秦始皇认为变化后的隶书简明，就想召见他。但多次召见他，他都不应召，后来只好命人用囚车把他押送来应召。不料王次仲变为乌鸦，飞走了。

韦述杞梓　卢植楷模

解说

韦述，唐朝著名史官，博学多才。唐玄宗时期，韦述担任史官，其家族兄弟五人也都分别担任官职。宰相张说曾称赞说：“韦家兄弟，人之杞梓。”意指他们是国家的栋梁之才。

汉代卢植，刚毅有大节，曹操曾说他是“士之楷模”。

士衡黄耳　子寿飞奴

解说

晋代陆机，字士衡，家中有狗名叫黄耳，他曾对黄耳说："在京城与吴中长久没有消息，你能传递消息回去吗？"黄耳摇尾作声，带书信而去，一个月后带着家书返回，之后又多次送信。

唐代张九龄，字子寿，曾养鸽送家信，并给信鸽取名为飞奴。

直笔吴兢(jīng)　公议袁枢

解说

唐代吴兢，撰写《武后实录》时，记载张昌宗诱使张说诬陷魏元忠的事，张说为相后，屡次恳求更改，吴兢说："给您徇私情，那还叫什么实录？"终未修改。

宋代袁枢，担任史官，章子厚与他是同乡，极力请求他粉饰自己的传记，袁枢说："宁可辜负你，也不能招来后世人的议论。"

陈胜辍锸　介子弃觚(gū)

解说

锸，锹，农具。秦国陈胜在耕田时，曾停止耕作，将锸放在垄上说："苟富贵，勿相忘。"同伴说："帮人耕田，如何富贵？"陈胜叹息说："燕雀安知鸿鹄之志哉！"后陈胜与吴广起兵反秦，自立为王。

觚，古代写字用的木板。汉代人傅介子，十四岁时喜好读书，曾经弃觚而叹说："大丈夫怎能坐在家中做老儒生，应当在异域立功。"后来因功被封为义阳侯。

谢名蝴蝶　郑号鹧鸪

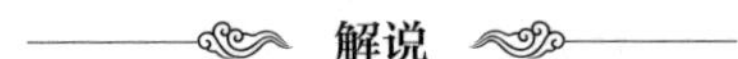

解说

宋代谢逸，北宋人，屡次考进士不第，作诗以自娱，曾作蝴蝶诗三百首，人称"谢蝴蝶"。

唐代郑谷，字守愚，七岁能作诗，后作《鹧鸪》诗极佳，人称"郑鹧鸪"。

戴和书简　郑侠呈图

解说

汉代戴和每结交到亲密的朋友，就焚香告于先祖，书写在竹简上，起名为"金兰簿"。

宋代进士郑侠，请画工将干旱造成的饥民流离失所、饥寒困苦的情景画在图上，呈给皇帝，请求施行仁政。神宗皇帝于是下诏自责，三日后天下大雨。

瑕邱卖药　邺令投巫

解说

瑕邱仲，是汉代传说中的人物。他以卖药为生，活了一百多岁。据传，瑕邱仲因地震去世，尸体被人丢入河中，但他的尸体却披着羊羔皮从水中浮出，前来取回自己的药。偷药人见状非常害怕，磕头求饶。

战国时期，邺地风俗信巫，每年都要将年轻漂亮的女子投入河中，说是为河伯娶妇。西门豹担任邺令时，下令将巫婆投入水中，从此邺地再也没有为河伯娶妻。他还下令开渠灌溉农田，使百姓安居乐业。

冰山右相　铜臭司徒

解说

唐代杨国忠为右相，只有进士张彖不愿依附他，说：“都说杨右相是泰山，我看他是冰山，太阳一出来，我们不就失去依靠了吗？”于是隐居嵩山。

汉灵帝时，社会混乱，卖官鬻爵。崔烈用傅母送给他的五百万钱买来司徒官职，后来他问儿子崔钧说：“我担任三公，外面如何议论？”崔钧回答说：“议论的人嫌大人有铜臭味。”“满身铜臭”即出于此。

武陵渔父　闽越樵夫

解说

晋代文学家陶渊明在《桃花源记》中描述了这样一个故事：一个武陵渔夫沿桃花源捕鱼，从一个小山口到了一个村庄，村人自给自足，恬然自乐，说是秦时避乱来此，不知道有汉代、魏代、晋代。渔夫回来后，再去寻找却找不到那个地方了。

传说唐代一个樵夫蓝超曾追白鹿，从一个极窄的石门中进入一个豁然开朗的地带，那里鸡犬之声相闻，有主人称是避秦时乱来此。蓝超想回家与亲人告别再来此，后来却找不到此地。与桃花源相仿，这是人们理想中的家园，与世无争，没有贫贱之分、富贵之别。

渔人鹬蚌　田父毚（jùn）卢

解说

《战国策·赵策》记载了这样一个故事：一只鹬鸟啄住蚌肉，蚌壳夹住鹬鸟的嘴，互不放松。鹬鸟说："今日不下雨，明日不下雨，渴死你。"蚌说："今日不放你，明日不放你，饿死你。"恰巧，一个打鱼的人看见了，就把鹬蚌一起带走了。

田父，指种田的人。齐国想讨伐魏国，淳于髡对齐王说："韩子卢是跑得最快的狗，东郭毚是最狡猾的兔子，韩子卢追东郭逸，绕着大山跑了三圈，上上下下五个来回，结果都疲劳到了极点，田父毫不费功夫就得到功劳。恐怕齐魏相争，也是这样。”齐王于是停止了讨伐魏国的念头。

郑家诗婢　郗氏文奴

解说

汉代经学家郑玄是当时的名儒，精通《诗经》，他家的婢女们受到他的影响，都对《诗经》非常熟悉，往往出口成章。

郗愔，字方回，东晋时期的官员。他家中有一名奴仆识字知文，王羲之对其才华十分赞赏。

卷二

八齐

子晋牧豕(shǐ)　仙翁祝鸡

解说

豕，猪。汉代商丘有个叫子晋的人，以养猪为生，平时只吃菖蒲根，喝水，七十岁也不见老。

祝鸡，是养鸡人唤鸡时的一种声音，即“祝祝”之类。从前有个老翁，养了一千多只鸡，而且鸡都有名字，早晨放出，晚上回笼，只要叫鸡的名字，鸡就会自动回来，人们称他为祝鸡翁。

武王归马　裴度还犀

解说

周武王在太公辅助下灭商，于是偃武修文，在华山之南放马，在桃林之野放牛，将兵器干戈都收入库中，向天下表示不再征战。

传说，相士曾给唐代大臣裴度相面，说他会饿死。可是，裴度在游香山寺时，拾得一条犀牛带，并且亲自还给了失主。失主是一名妇女，正准备带犀牛带去救获罪的父亲。裴度因此而积德，所以不仅没有饿死，后来还官拜宰相。

重耳霸晋　小白兴齐

解说

晋文公，姬姓，名重耳。曾因骊姬之乱出逃十九年，后来回国，出谷戍，释宋围，任用贤臣，最后成为春秋五霸之一。

齐桓公，姓姜，名小白。任用管仲为相，尊周攘夷，大兴齐国，成为春秋五霸之一。

景公禳(ráng)慧　窦俨占奎

解说

齐景公二十二年，出现彗星，齐景公想祈祷以消灾，晏子说："没有用的，天上出现彗星，是为扫除秽德；君王如果没有秽德，哪里需要祈祷呢？"因为古代人以为彗星是不祥之星，每次彗星出现都会伴随着灾难。当彗星出现的时候，所有的大臣都十分惊慌，只有晏子十分清醒，他不仅看清了大臣们献媚的目的，还劝齐景公不要这样做。在那个时代，晏子的这种精神是难能可贵的。

宋代翰林学士窦俨与卢多逊、杨徽之一同担任谏官，曾推算岁在丁卯，五星将在奎宿相聚，奎主文明，天下从此太平。果然在乾德五年丁卯，五星居于奎宿，应了窦俨的占卜。

卓敬冯虎　西巴释麑(ní)

解说

冯，凭借、依靠之意。传说明代卓敬，十五岁时，在一个风雨夜回家的路上，遇到一头牛，于是就骑着牛回家了，进门后放此物走，才发现那是只老虎。

麑，小鹿。秦国人西巴在孟孙手下做事，孟孙猎得一头小鹿，让西巴带回，可是在回去的路上母鹿一直跟着他，于是西巴将小鹿放生。孟孙知道后大怒，赶走了西巴。后来孟孙又将西巴召回，让他做儿子的老师，并说：“对小鹿都不忍心，说明你有仁心，请你做我儿子的老师，我就放心了。”

信陵捕鹞(yào)　祖逖闻鸡

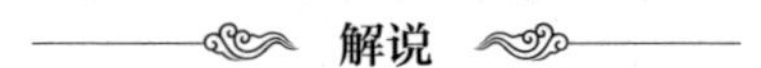

解说

鹞，老鹰。魏国公子无忌，号信陵君。一次正在吃饭时，有一鸠为了躲避老鹰而飞入桌下，公子无忌不知道实情，将鸠赶走，鸠走之后就被老鹰吃掉了。公子无忌认为是自己害了鸠，于是捕捉三百只老鹰，问谁有罪，其中一只老鹰低头伏罪，公子无忌就杀掉了它，并将其他的都放走。于是，公子无忌仁慈的名声大振，天下士人争相归附。

晋代名将祖逖立志报国，担任司州主簿时，半夜听见鸡叫就起来舞剑。后来，他带兵收复了黄河以南地区。

赵苞弃母 吴起杀妻

解说

东汉赵苞担任辽西太守时，鲜卑族入侵，劫持他的母亲做人质。赵苞说："我是皇帝的臣子，顾不得个人恩情了。"他母亲说："人各有命，不能因为我辜负朝廷的信任。"赵苞于是带兵杀贼，而母亲因此遇害。

吴起，战国名将。吴起在鲁国做官时，齐国讨伐鲁国，鲁国想任用吴起为大将，但是吴起的妻子是齐国人，鲁国因此不信任他。吴起为表忠心，杀死妻子以消除鲁国疑虑，终被任命为将，率军大败齐国。

陈平多辙 李广成蹊

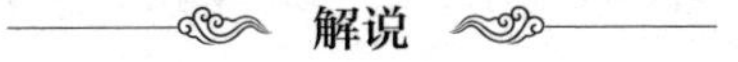

汉代大臣陈平，小时候家里贫穷。乡里有个富人张负的女儿，五次嫁人，丈夫都死了。陈平想娶她，张负对女儿说："陈平虽然贫穷，但是他门前多是长者来拜访时留下的车辙，不要因为他家贫就对他不恭。”后来陈平辅助汉高祖立了大功。

蹊，小路。汉武帝曾称赞大将李广，说他虽然不善言辞，但是深得天下人的仰慕，正如谚语说的“桃李不言，下自成蹊”。话不在多，在于精，说的也是这个道理。

烈裔(yì)刻虎 温峤燃犀

解说

秦始皇二年，一位擅长雕刻和绘画的工匠烈裔用玉石雕刻了两只虎，但没有点睛。秦始皇让其他工匠在夜间为玉虎点睛，结果这两只玉虎在点睛后离去。次年，南郡献上两只白虎，竟是之前被点睛的玉虎。于是，秦始皇命人挖去它们的眼睛，老虎才无法再离开。

东晋名臣温峤途经牛渚矶，听闻水下多鬼怪，便点燃犀角观看水面，果然见水中精怪现形。当夜他梦见被照见的鬼怪质问：“阴阳两隔，为何用犀光照我们？”不久温峤病逝，时人认为他因窥探幽冥而遭反噬。

梁公驯雀 茅容割鸡

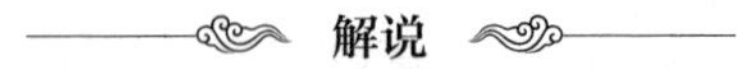
解说

梁公，唐代名臣狄仁杰。传说其母去世守丧期间，有白雀群聚其庐，形似哀悼，甚至栖于素服之上，宛如被狄仁杰的悲恸与仁德感召而来。

汉代郭林宗借宿在茅容家。茅容早晨杀鸡，郭林宗以为是招待自己，结果却是侍奉他的母亲，而自己和客人一起吃粗蔬淡饭。郭林宗认为他是真正可以结交的朋友。

禹钧五佳　王祐三槐

窦禹钧，五代后周时期人，以教子有方闻名，他的五子皆进士及第，官至显赫。冯道赠诗说：“燕山窦十郎，教子有义方。灵椿一株老，丹桂五枝芳。”

王祐，北宋初年大臣，因直谏被贬。他在庭中种了三棵槐树以明志：“吾子孙必有为三公者！”其子王旦后官至宰相，王氏家族遂以“三槐堂”为堂号，成为宋代显赫世家。

同心向秀　肖貌伯偕

解说

晋代名士向秀与嵇康、吕安志趣相投，曾隐居山阳，志在逍遥。嵇康善锻铁，向秀常助之，吕安亦往来交游，三人志同道合。

唐代的张伯偕与孪生弟弟张仲偕长相酷似，仲偕的妻子梳完妆，看见伯偕问："好看吗？"伯偕说："我是伯偕。"过了一会儿又见面了，仲偕的妻子说："刚才我将伯偕当作你了。"伯偕回答说："我仍然是伯偕。"妇人羞愧得不敢出门。后来兄弟俩用衣服来区分。

袁闳(hóng)土室　羊侃水斋

解说

桓、灵二帝在位期间，党锢之祸频发。袁闳不受朝廷征召，并修筑土屋，闭门谢客，独自住了十八年。早晚在屋中向母亲行礼，谁也不能到屋中见他。面对当时的形势，袁闳采取了"穷则独善其身"的方法，表明了不与当权者合作的态度。

南北朝时，羊侃生性豪奢，他刚到衡州时，曾经用两船建成三间通梁的水斋，并饰以锦旗，令观者赞叹。

敬之说好　郭讷言佳

解说

唐朝人项斯，为人清奇雅正，尤其擅长写诗，杨敬之赠诗道："几度见君诗尽好，及观标格胜于诗。平生不解藏人善，到处逢人说项斯。"项斯因此名气更大了。

晋代郭讷，字敬言，官至太子洗马，听到歌伎唱歌，于是就说唱得很好。石季伦问他这是什么曲子，他说不知道。石季伦就说："既然不知道曲名，还说什么好呢？"郭讷说："就像看见西施，何必知道姓名才说她美呢！"

陈瓘(guàn)责己　阮籍咏怀

解说

陈瓘，宋人，和范祖禹同室居住。因谈到颜子不迁怒不贰过，范说："唯伯淳先生（理学大师程颢）能之。"陈问："伯淳是谁？"范默然良久，说："你难道不知道程伯淳吗？"陈瓘说："生长在东南，实在不知道。"后来陈瓘常以寡陋感到惭愧。

晋代名士阮籍为人豪放，善于写诗作文，是竹林七贤之一。他曾作《咏怀》诗八十余篇。

初平起石　左慈掷杯

传说初平是东晋术士，少年时牧羊，偶然间遇见一道人，并且授予他道术。少年很长时间没有回家，兄长找到他，问他羊在何处，他说在金华山，兄长到那儿一看全都是石头。初平呼唤羊，于是白石飞起化为了羊，有数万之多。

传说东汉左慈，有仙术。曹操设酒宴款待他，只见他用手中的箸子在杯中一画，杯中酒就一分为二了，饮完后左慈将杯子扔出去变成了飞鸟，自己却突然不见了。

名高麟阁　功显云台

解说

西汉宣帝时，将有功的大臣画在麒麟阁上，写下姓名和官爵，以资怀念，同时也显示皇上对他们的重视。

东汉明帝为表彰中兴功臣，令画工将他们的像画在洛阳南宫云台上，用来怀念他们。

朱熹正学　苏轼奇才

解说

宋代理学家朱熹继承并系统化北宋“二程”的“理气说”，建立了完备的理学体系，后世称为“程朱理学”。其学说在明、清两代被确立为科举考试标准，成为儒学正宗。

苏轼是宋代文学家，他的文章广为流传，同时也得到了当权者的肯定。有一次苏轼在殿中应对，宣仁太后称赞他有“奇才”，并且提拔他为翰林学士。

渊明赏菊　和靖观梅

解说

晋代陶渊明，著名诗人。他隐居在家乡柴桑，酷爱菊花，于是种菊于东篱。平生写有许多关于菊花的诗句，其中最著名的诗句有“采菊东篱下，悠然见南山”等。

宋代诗人林逋，字君复，谥号和靖。他曾隐居于孤山之上，宅子四周种了很多梅花，每天都观赏梅花而感觉不到疲倦。其所作《咏梅》脍炙人口。

鸡黍张范　胶漆陈雷

解说

汉代张劭与范式是朋友，分手时约定范式在来年某日拜访张劭的双亲，到了那一天，张劭要杀鸡煮黍款待范式。第二年，张劭告诉母亲杀鸡煮黍准备待客，母亲说：“二年之约何必当真。”张劭说：“范式必定不会失约。”到了约定的日子，范式果然来了。

陈重与雷义自幼一起研习儒家经典，志同道合，情同手足。太守张云举荐陈重为孝廉，陈重推让给雷义。后雷义被举为茂才，他坚持让位陈重未果，竟装疯拒官。当时的人说：“胶漆自谓坚，不如陈与雷。”

耿弇（yǎn）北道　僧孺西台

解说

东汉光武帝领兵北伐，名将耿弇来觐见，请求与光武帝一同到蓟州。官员们说：“怎么能向北进入敌人囊中呢？”光武帝指着耿弇说：“这就是我北道主人。”

西台，中书省，古代官署名。唐代牛僧孺担任伊阙县尉时，一天伊阙县衙前的伊水中有沙滩露出。当地有种说法，水中有沙滩露出，将有人进入台阁。老吏说：“若是西台，必有瀏鶒（指紫鸳鸯）。”于是牛僧孺在水边祝拜说：“既能有滩，何惜瀏鶒。”结果飞出一对紫鸳鸯。后来他果然官任西台，封奇章郡公。

kuàng
建封受贶　孝基还财

解说

贶，赠送。唐代张建封不得志时，尚书裴宽见他与众不同，曾赠送他钱帛和奴婢，张建封毫不推让，通通接受了。后来终于得志，镇守徐州。

宋代张孝基娶了个富家女为妻，岳父家只有一个儿子，而且很不孝，于是将全部家财赠给了孝基，儿子沦落为乞丐。后来妻弟幡然醒悟，并且自食其力，孝基就将全部家财还给了他。据传孝基死后，忽然有人在高山见到他坐着仪仗专车，孝基说：“我因为还财的缘故，上天命我管理这座山。”张孝基将钱财视为身外之物，同时做了一件好事，帮助困难的妻弟，于是得到了好报。

准题华岳　绰赋天台

解说

宋代宰相寇准是华州人，八岁时曾吟华山诗：“只有天在上，更无山与齐。”后来，寇准做了宰相。

晋代人孙绰博学能文，听说天台山风景神秀，就让人画了天台山的图，孙绰看画作文。写成后，他十分自负地对朋友说：“卿试掷地，当作金石声。”这篇文章就是有名的《天台赋》，成语“掷地有声”由此而出。

穆生决去　贾郁重来

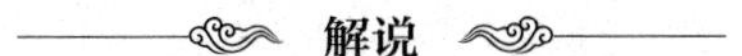
解说

汉代楚元王刘交少时与穆生交厚，即位后擢升穆生为中大夫。穆生素有疾不饮烈酒，楚元王每逢宴会必备醴酒以待。后楚元王薨，某日新王宴客，没有准备醴酒，席间穆生叹道：“醴酒不设，王意已怠。”于是称疾辞官。

五代时期，贾郁在仙游县当主簿，任期满时，碰见一个小官吏喝得烂醉。贾郁训斥他：“要是我下次再管这里，非收拾你不可！”那人讥笑道：“您要是能再来，除非铁船能漂过大海！”几年后，贾郁被调回仙游当县令。刚上任就发现官库的钱被偷了，一查正是当年那个醉酒的官吏干的，于是严惩了他。

台乌成兆　屏雀为媒

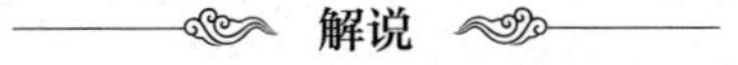
解说

兆，预兆。汉代朱博担任御史大夫，府中种植有柏树，树上栖息着数千只乌鸦，后有人将御史台称为乌台或乌府。

北周时期，大将窦毅的女儿才貌出众，窦毅希望为女儿挑选一位德才兼备的夫婿。他命人在屏风上画了两只孔雀，要求求婚者用箭射中孔雀的眼睛。李渊（后来的唐高祖）连发两箭，分别射中孔雀双目，窦毅大喜，遂将女儿许配给他。

平仲无术　安道多才

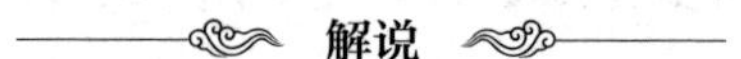

解说

宋代寇准，字平仲，他任宰相时，陈州知府张咏以为，他虽然是个奇才，但是没有什么学问。有一次，寇准向张咏请教，张咏说："《霍光传》不可不读。"寇准读到不学无术时，说："这不是在说我吗？"后来就用"不学无术"形容没有学问、没有技艺的人。

宋代张方平，字安道，年少时聪明绝伦，读书过目不忘。

杨亿鹤蜕　窦武蛇胎

解说

宋代杨亿出生时，胎盘中裹着的是一只小鹤，全家感到害怕，于是将他包裹好抛入江中。他的叔父赶到江中，打开一看，鹤已经蜕变为婴儿，身上有紫色的细毛，一个多月后毛才脱光。

汉代窦武出生前，其母梦见巨蛇盘踞腹中，占卜者称："蛇者，阴类而象征权柄。此子必位极人臣，然终为阴邪所噬。"。

湘妃泣竹　鉏麑（chú ní）触槐

解说

尧帝的两个女儿娥皇、女英都嫁给了舜。舜南巡时死于苍梧，二妃知道舜死去的消息，到洞庭湖的君山痛哭，泪水把竹子染上斑点，这就是斑竹，今称为湘妃竹。两个妃子悲痛欲绝，自投湘江而死，成为湘水神，故世人称其为湘妃或湘夫人。

钼麑是晋国力士，晋灵公让他刺杀赵盾。去的时候赵盾将要上朝，因为时间还早，正在假寐，钼麑看赵盾如此勤勉，不忍心杀他。可是不杀是对君王的不忠，杀害国家的重臣自己又不忍心，于是他选择了自杀，撞死在槐树上。其实晋灵公是个暴君，不听从他的命令也不算不忠。钼麑的仁义，为晋国留下了一位忠臣。

阳雍五璧　温峤一台

解说

汉代阳伯雍曾经设置义浆给路人喝，有个喝浆的人送给他一包种子，说："种下这些种子，就可以得到美玉，而且可以娶到好妻子。"北城徐氏家有女儿，生得容貌姣好，阳伯雍就去求亲，对方要一对白玉做聘礼。阳伯雍就到种种子的地方寻找，得到五对白玉，于是娶到了徐家女。

温峤的姑母有一个女儿。姑妈托温峤为她寻找女婿，温峤说："论门第，论才能，都不比我差。我怎么样？"姑母答道："太好了。"温峤给姑母一件玉镜台为聘礼，不久便与表妹成亲了。

孔门十哲　殷室三仁

解说

孔子门下有十位杰出的弟子，被称为“十哲”，这十哲指颜渊、闵子骞、冉伯牛、仲弓、宰我、子贡、冉有、子路、子游、子夏。后来，颜渊升为配享，增补曾参；曾参配享，又增补子张。

殷纣王时，朝中有三位大贤：微子、箕子、比干，他们为了殷朝的基业，一个逃亡在外，一个装疯卖傻，一个剖腹剜心，三人选择不同，动机却是一样的，孔子称他们为“三仁”。

晏能处己　鸿耻因人

解说

何晏七岁时就聪明过人，曹操想收他为养子。何晏在地上画一个方框，自己站在里面。别人问这是什么意思，他说：“这是我的房子！”曹操明白了他的心意，于是打消了收他为养子的念头。

鸿，梁鸿，汉代人。他很小的时候就失去了双亲，独自居住。一次，邻居先做了饭菜，招呼他趁锅灶还热来做饭，他说：“我不是借别人余热的人。”于是，灭了灶重新燃火。他不爱沾别人的光，什么事情都要自己独自完成，认为即使是很微小的事情也要坚持自己的原则。

文翁教士　朱邑爱民

解说

文翁，西汉人。景帝时任蜀郡太守，在成都设立官学，请司马相如、张叔等为教师，招收属县子弟入学，入学者可免除徭役，成绩优异者聘为郡吏。武帝时下令全国效仿这种制度。

朱邑，汉代人。任北海太守时，为政清廉，深得百姓爱戴。后入朝为大司农，又深得皇上赏识。临终前，他对儿子说：“我原本是桐乡的官吏，那里的百姓爱戴我，我死后必须葬回桐乡，后世子孙祭拜我，一定不如桐乡的百姓。”朱邑死后，他的儿子将他葬在桐乡西郊外，百姓果然立祠祭祀他。

太公钓渭　伊尹耕莘

解说

太公，姜尚，即姜太公，字子牙。辅佐周文王前，曾垂钓于渭水。后被周武王尊为尚父。

伊尹，殷商时的贤相，奴隶出身，在莘野耕田。汤三次派人去请他，他才出山辅佐商汤，后来帮助汤攻灭夏桀。因为有了贤君，所以才成就了这样的良臣。如果没有英明的君主，即使有再高的本领也难有用武之地。

皋惟团力　泌仅献身

解说

皋，李皋，唐宗室。任江西道节度使时，他直接照搬战国时期秦国军队的魔鬼训练法，手下士兵怎么奖、怎么罚，全按统一标准来。他手底下的部队经过训练成了精锐中的精锐。

泌，李泌。一年端午，文武百官纷纷向唐代宗进贡奇珍异宝，只有李泌不献。唐代宗问其原因，他答："臣从头巾到鞋履，都是陛下所赐，所余仅一个身子了。"唐代宗顿时醒悟。

丧邦黄皓　误国章惇(dūn)

解说

黄皓，三国蜀宦官，善于逢迎，愚惑后主，专权自恣，摒弃忠臣，是蜀汉灭亡的罪魁祸首之一。

章惇，北宋大臣，参与王安石新法，后做了宰相，恢复了王安石执政时实行的青苗法和免役法，被司马光等守旧派视为误国之举。

鞅更秦法　普读鲁论

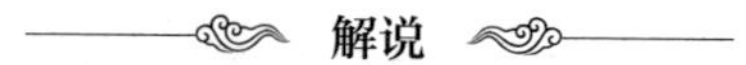

解说

鞅，商鞅，战国时期法家代表人物。他受秦孝公重用，任大良造，主持变法多年，使秦国国力大增，为日后统一六国奠定基础。

普，赵普，宋宰相。鲁论，《论语》。赵普年少时就学军事，很少学习文化，太祖常劝他读书。晚年时，赵普手不释卷，每当回到家里，都闭门读书，第二天处理事情便得心应手。死后，家人查看他所读的书，只有《论语》二十篇。他曾经对宋太宗说过："臣有《论语》一部，以半部佐太祖定天下，半部佐陛下定太平。"他把儒家经典作为规范国家的标准。

吕诛华士　孔戮闻人

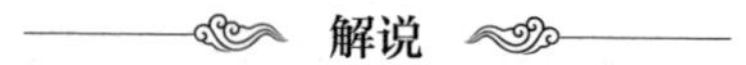

解说

吕，吕尚。西周建立后，吕尚封于齐。齐国有华士，不向天子称臣，不与诸侯为友，人们都认为他是贤士，当吕尚征召时，他却不接受官职，于是吕尚命人将他杀掉了。

孔，孔子。闻人，指少正卯。孔子为鲁国司寇，上任七天就诛杀了身为大夫又是名人的少正卯。

暴胜持斧　张纲埋轮

解说

暴胜，暴胜之，西汉人。汉武帝任他为直指使，着绣衣，持金斧，奉旨去泰山琅琊等地，惩治贪官污吏，刺史、郡守以下的臣子多伏诛。

张纲，汉代人。顺帝年间，朝政被外戚梁冀把持。朝廷选派八名重臣巡察州郡，七人皆是大儒，只有张纲才三十七岁，官仅御史。张纲驾马车至洛阳都亭，忽拔剑斫断车辕，将车轮深埋黄土，慨然道："豺狼盘踞朝堂，何必下乡捉狐狸！"遂返身直闯大将军府。

孙非识面　韦岂呈身

解说

孙，孙抃，北宋人。宋仁宗时，孙抃为御史中丞，举荐吴敦复、唐介为御史，但是他从来没有见过这两个人，只是因为这两个人刚直、耿介而知道了他们。

韦，韦澳，唐人，为官十年没有得到升迁。御史中丞曾暗示他拜在自己门下以获升迁，韦澳坚决不肯去，说："恐无呈身御史。"意思是说没有毛遂自荐做御史的，因此永留正直清名于世。

令公请税　长孺输缗（mín）

解说

令公，裴楷。晋武帝时，裴楷令权倾当时的梁王、赵王每年交数百万租税钱给国家，以补恤国中贫困者。有人讽刺他在施小恩小惠，他说：“损有余补不足，天之道也。”于是，不改初衷。

长孺，杨长孺，南宋人。缗，成串铜钱，每串千文。杨长孺，任广东经略安抚使将要离职时，将自己的俸钱七千缗代替贫困人家交租。宋宁宗询问当世的廉吏，人人都称赞杨长孺。

白州刺史　绛县老人

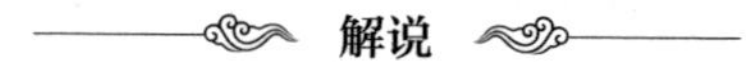
解说

白州刺史，即薛稷，唐大臣，曾经封九锡、拜楮国公、白州刺史，统领万字军，并且善书法、绘画，画鹤犹生动，堪称一绝。

绛县，在今山西侯马市东北。战国时期，鲁襄公三十年，晋悼公夫人赏赐修建杞城的众人，有一绛县老人年纪很大了，也来接受赏赐。朝廷官员看老人年纪大了，于是就让他做绛县师。后来就以绛老代替老人。

景行莲幕　谨选花裀(yīn)

解说

景行，庾杲之，南齐人，担任王俭卫军长史。当时人们称王俭幕府为莲花池。萧缅给王俭写信说：“盛府元僚，实难其选。庾景行若绿水芙蓉，何其丽也。”于是时人称景行莲花幕。

谨选，指许慎选，唐朝人。他为人洒脱，不拘小节，以文会友，在自己花园里和朋友欢宴，不张幄帐，不设桌椅，只让仆人们聚落花铺地，说：“我自有花裀，哪里还需要坐具？”这种境界不是任何人都可以达到的。

郗超造宅　季雅买邻

解说

郗超，东晋时期的名臣。据《世说新语》记载，郗超听闻有品德高尚的名人隐退，便会慷慨解囊，为他们提供百万钱的资产，并亲自为他们建造宅邸。

吕僧珍，字符瑜，南朝梁代官员，以忠厚老实、学识渊博、家教严谨而闻名。当时，有一位名叫宋季雅的官员卸任后，特地购买了吕僧珍家隔壁的宅子。吕僧珍前来拜访这位新邻居，寒暄之余，问：“先生买这幢宅院，花了多少钱？”宋季雅答道：“一千一百万钱。”吕僧珍大吃一惊，反问：“怎么会这么贵？”宋季雅笑着解释：“其中一百万是买房屋，一千万是买邻居。”

寿昌寻母　董永卖身

寿昌，朱寿昌，北宋人。七岁时，父亲把母亲嫁给他人，从此不知下落。长大后，他辞官不做，千里寻母，终于在蜀中找到阔别五十年的老母亲。

董永，相传为东汉时期的人物，自幼丧母，独自侍奉父亲。父亲去世后，因家境贫寒无力安葬，董永不得不卖身为奴，以筹集丧葬费用。守丧三年期满，正当他准备前往主家为奴时，途中偶遇一位自称天女的女子。该女子感念董永的孝心，遂与之结为夫妻。这一感人的故事后来被改编成黄梅戏经典剧目《天仙配》，广为流传。

建安七子　大历十人

解说

建安，汉献帝年号。这一时期诗歌志深而笔长，梗概而多气，后人称“建安风骨”。代表诗人除三曹外，另有孔融、王粲、陈琳、徐干、阮瑀、应玚、刘桢，世称“建安七子”。

大历，唐代宗年号。卢纶、吉中孚、韩翃、钱起、司空曙、苗发、崔峒、耿湋、夏侯审、李端等十位诗人称为“大历十才子”。

香山诗价　孙济酤缗

gū mín

解说

唐代著名诗人白居易，号香山居士，他的新乐府诗针砭时弊，很受欢迎。他的作品是鸡林（新罗，今朝鲜）商人的抢手采购品，因为将白居易的诗作卖给他们的宰相，一首诗能换一两金子。

孙济，东汉人，好喝酒，把家财挥霍完了，常常因为欠酒钱而被人讥笑，却毫无愧色，还对人说："寻常行坐处，欠人酒债，欲货此缊袍偿之。"

令严孙武　法变张巡

解说

孙武，春秋时期著名军事家。吴王选一百八十个宫女让孙武演练兵法。孙武把她们排成两队，以吴王二宠姬为各队队长，都执戟。他说明要求后发出命令，宫女们却嘻嘻哈哈不听将令，于是孙武将二宠姬斩首。再发鼓号，进退左右，都合乎法度。吴王知道他的用兵能力，就任命他为将。

张巡，唐代名将。用兵不拘守成法，而强调随机应变。有人问原因，他说："军队有前后左右，而统帅居中，三军可以望见，以统一进退。现在敌人是善骑战的胡人，能奔驰突击，时而云合，时而鸟散，变化百出。所以我让兵识将意，将知兵情，上下相知，人自为战。"可见事情要以灵活变动，才能适应形势的千变万化。

更衣范冉　广被孟仁

解说

东汉范冉洁身自好，甘于贫苦。少时与同郡人尹包相交，由于贫穷，外出办事两人合穿一件衣服，去时尹包穿，返回时范冉穿。

孟仁，三国人。年少时跟从李肃学习，同学大多都很贫穷，他的母亲就做了一床又大又厚的被褥。人问原因，他的母亲说孩子没有招揽宾客的修养，而同学又多贫穷，所以做一床大被，也好让别人沾点儿温暖，多与他交往。母亲为孩子考虑得如此周到，真是可怜天下父母心啊！

笔床茶灶　羽扇纶巾

解说

唐文学家陆龟蒙与诗人皮日休相唱和，人称“皮陆”。陆龟蒙闲来无事时，带上书籍，拿上茶炉笔架、钓具等，划船出去游玩，浪迹江湖，自号“江湖散人”“天随子”等。笔床茶灶就是指休闲用具。

羽扇，羽毛做的扇子。纶巾，用丝带做的头巾。诸葛亮和司马懿在渭水作战，诸葛亮乘素舆、戴纶巾、执羽扇，指挥三军，调节有度，司马懿赞叹道：“真是名士啊！”羽扇纶巾通常是师爷或军师之类人物的显著标志，尤其是羽扇表现了这个人的大将之风，处理事情游刃有余。

灌夫使酒　刘四骂人

解说

灌夫，西汉人，为人刚直不阿，任侠好酒。使酒，指借酒使性子，即发酒疯。灌夫和魏其侯窦婴很要好，窦婴准备好酒请丞相田蚡，灌夫因为田蚡侵夺窦婴的田产而鸣不平，所以在酒席上骂田蚡。后来灌夫被田蚡弹劾，以不敬罪被诛九族。

刘四，刘子翼，唐人，性格耿直。常当面说朋友、同事的短长，却从不在背后说人坏话。李百药曾对人说："刘四虽然爱骂人，但是别人都不恨他。"这种朋友才是值得交往的朋友。如果只是一味地奉承，那么就是溜须拍马的小人，这样的人令人厌恶。

以牛易马　改氏为民

解说

传说司马懿在世时，有《玄石图》，上写"牛继马后"，司马懿理解为是牛氏代替马氏的预兆。此后，司马懿便深忌姓牛的人，并且设计毒死了部将牛金。但王妃夏侯氏和姓牛的小官私通后，生下司马睿，就是司马懿的曾孙。司马睿即帝位，应了"以牛易马"的谶言。

东汉有一个人姓氏，名仪，在吴做官，孔融笑说：“民字民无上，可改为民。”于是氏姓就改为民姓，名叫民仪。

圹先表圣　灯候沈彬

解说

圹，埋棺材的坑。表圣，指司空图，字表圣，唐代文学家。他生前就预先给自己挖好墓穴，如果有客到访，就领到墓穴中赋诗对饮。有人责备他，他反倒指责别人心胸不豁达，不能视死生为一致。

唐人沈彬临终前，手指葬地给家人，结果挖开得到石莲花灯三盏，有铜牌篆文：“佳城今已开，虽开不葬埋，漆灯犹未灭，留待沈彬来。”

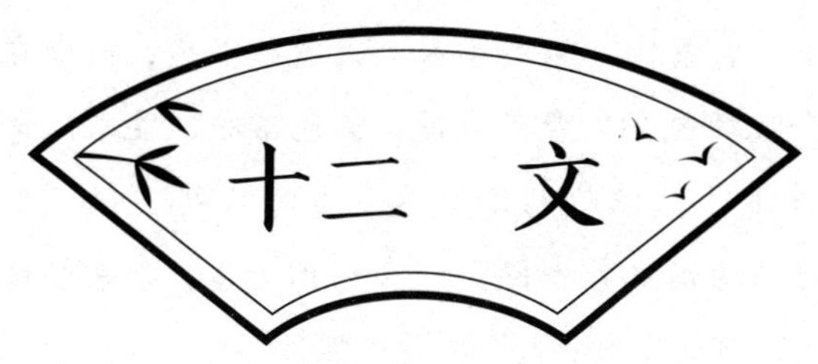

谢敷处士 宋景贤君

谢敷，晋朝隐士。一次，月犯少微星，占星术士认为不久要死一个名士。吴人都以为戴逵会死，但死的却是谢敷，于是人们就讽刺说：“吴中有高士，求死不得死。”闻名于世的隐士不见得是真正的隐士，真正的隐士是不以隐士著称的。

宋景，宋景公，春秋宋国君。有一次火星位于宋的分野，是不祥的征兆，将会祸及君王。景公问星师如何是好，星师答：“可移祸给宰相。”景公说：“宰相是我的重臣，怎么能移祸给他？”星师说：“可移祸于百姓。”景公说：“君王该厚待百姓啊。”星师又说：“那就移祸于年景吧。”景公说：“荒年百姓困苦，我又做谁的君主呢？”星师说：“君王有如此仁慈至德的言语，火星必退。”当晚火星果然退出宋的分野。

景宗险韵　刘辉奇文

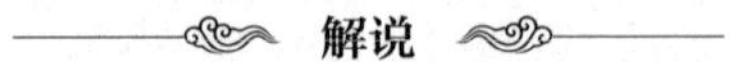

解说

景宗，曹景宗，南朝梁人。大破魏军后，武帝在光华殿设宴，令沈约赋韵。曹不得韵，意色不平，要求赋诗。曹已醉，求作不已，但是韵已用尽，当时只剩“竞”“病”二字，便以此为韵立作一诗：“去时儿女悲，归来笳鼓竞。借问行路人，何如霍去病。”举座叹服。

刘辉，即刘几，宋人。作文喜欢用奇险而怪异的语言，当时的人都效仿他。欧阳修认为他是祸患，因此主考时以朱笔将他的名字抹去。又过了几年，刘几用刘辉的名字应试，文章得到欧阳修的赞赏，被评为第一，等到唱名时，才发现是刘几，欧阳修感到十分意外。

袁安卧雪　仁杰望云

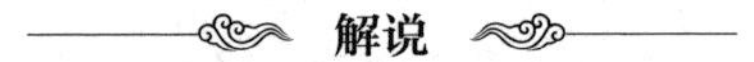

解说

袁安，东汉人。一年下大雪，积了丈余深，洛阳令出府巡行，看到别人都在扫雪以便出门，还有讨食的。走到袁安门前，发现雪没有扫，也没有行迹，以为袁安死了。就令人扫雪进入屋里，看到袁安躺着冻僵了，问他为什么不外出，他说：“大雪天许多人都饥饿，不好再去打扰别人！”

仁杰，即狄仁杰，字怀英，唐朝大臣。狄仁杰早年任并州法曹参军时，登太行山，见白云孤飞，于是想起了家乡的亲人，说："我的双亲都在河南的那片白云下面！"徘徊良久，直到彩云飘走，他才归去。

貌疏宰相　腹负将军

解说

貌疏，相貌清瘦。北宋王钦若，相貌疏瘦，人们都以为他不会富贵发达，可是后来官至宰相。

民间传说，某大将军食饱抚腹说："我不负你呵！"左右说："将军不负此腹，此腹却负将军。"意思是说将军没有什么智谋，只是一个酒囊饭袋。

梁亭窃灌　曾圃误耘

解说

相传战国梁大夫宋曾为梁边境县令，与楚国为邻。两国边亭都种瓜，梁人勤于灌溉，因此瓜长得好，瓜也很甜；楚人嫉妒，就去偷瓜。梁人想报复，宋不许，于是想出一个办法，让梁人晚上偷偷去为楚国灌溉，使他们的瓜也长得好。楚王知道后，用钱物答谢，并与梁结好。

曾参，孔子弟子，一次耕瓜地，误伤了瓜根，他的父亲用大杖打得他扑倒在地，半天才苏醒。孔子知道后，训斥他不该乖乖地被父亲打，如果被打死，反使父亲落于不义的境地。曾参这才意识到自己的错误。

张巡军令　陈琳檄(xí)文

解说

张巡守雍丘，偏将雷万春与敌将令狐潮对话时，伏兵连发六支箭，射中雷万春，雷万春一动不动。起初令狐潮怀疑是木刻人，后来得知确是雷万春，于是大惊，远远地向张巡说："刚才看到雷将军，才知道你军令如此严明！"

陈琳，汉末人，最初担任袁绍典文笔，曾作檄骂曹操，后来归附曹操。曹操不计前嫌，让他管记室，军国的公文多是他写的。一次，曹操犯头风病，卧读陈琳写的檄文，病一下就好了，说："此文能治我病。"

羊殖益上　宁越弥勤

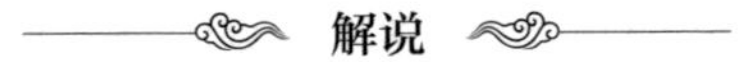

解说

羊殖，春秋晋大夫。赵简子问成抟："听说羊殖是贤大夫，他的品行如何呢？"成抟回答："他十五岁时廉洁而不隐瞒自己的过失，二十岁时仁而讲义，三十岁时勇而善仁，五十岁能让远者投奔于他。我已经五年没有见到他了，所以不知道他现在是什么样子。"赵简子说："真是贤大夫啊！总是越变越好！"

宁越，战国赵人，发愤读书，别人休息，他不休息；别人睡觉，他不睡觉，发愤学习十三年后，终于成为齐威王师。

蔡邕倒屣　卫瓘披云

yōng　xǐ

解说

蔡邕，东汉人，著名的书法家、文学家。一次，博学多识的王粲来访，蔡邕十分高兴，急忙穿鞋去迎接他，结果鞋都穿反了。

卫瓘，字伯玉，西晋人。乐广善于谈论，且言简意赅。卫瓘曾称赞他说："他是人中之水镜，见他犹如拨开云雾见青天。"

巨山龟息　遵彦龙文

解说

巨山，李峤，唐人。他曾经同袁天罡同床而寝，袁天罡发现他鼻子不出气，而是用耳朵呼吸。袁天罡说："龟息也，必大贵寿。"

遵彦，杨愔，南北朝人，六岁读史书，十一岁读《诗》《易》《左传》。堂兄说："此儿驹齿不落，已是吾家龙文骏马。更十年，求之千里之外。"后来杨愔果然高官显赫，梁武帝时官至太子少保，封开国公。

傲倪昭谏　茂异简言

解说

罗隐，本名横，字昭谏，唐诗人，少即负盛名，性格傲岸不群，他的诗写得很好，深得世人的称赞。他议论时政，讥讽公卿，因此十考进士都不中，于是改名为“隐”。

吴简言，字若讷，宋人，以茂异进入仕途。相传他经过巫山神女庙，题诗一首：“惆怅巫娥事不平，当时一梦是空成，只因宋玉闲唇吻，流尽长江洗不清。”当夜神女前来致谢：“君诗雅正，当以顺风相谢。”第二天简言登船，一路顺风。

金书梦珏　纱护卜藩

解说

珏，李珏，唐文宗时宰相。相传有一次他进入仙境，见石壁金书中有“李珏”，以为自己可以成仙，这时有两小童出来对他说，这是指粮商李珏，他为商不求发财，只求奉养父母。这里是说，不是在人间尊贵的人到了天上也会尊贵，人们只有心存善念，才会有好报。

藩，李藩，唐宪宗时任宰相。据说他曾占卜前世今生，术士说他是纱笼中人。李藩不解其意，后来有人对他说凡是位居宰相的，冥司必暗中以纱笼护其名姓，恐为异物所害。

童恢捕虎　古冶持鼋（yuán）

解说

童恢，东汉人。相传他任不其县令时，一农夫被虎吃了，童恢命人捕获二虎，对它们说：“论王法杀人者必处死。你们吃人者低头认罪，没吃人者叫一声。”一老虎低头瞑目，另一只哀叫一声。于是童恢就将吃人的老虎斩杀了，而放了另一只。

古冶，即古冶子，春秋时齐力士。跟从景公渡河，鼋咬住齐景公身边的卫士潜入水中，古冶子拿着剑前去追赶，将大鼋斩杀，救出了卫士。

何奇韩信　香化陈元

解说

何，萧何。萧何认为韩信是难得的人才，便向刘邦举荐，结果韩信并未受到刘邦的重用，于是选择了逃跑。萧何月夜下将韩信追回来，又向刘邦力荐，刘邦这才拜韩为大将。

香，仇览，东汉人。化，开导，点化。仇览任蒲亭长时，陈元的母亲告陈元不孝顺，于是仇览对陈元动之以情，晓之以理，终于将陈元感化成为一个大孝子。

徐干中论　扬雄法言

解说

徐干，建安七子之一，著有《中论》。曹丕说：“徐干抱文怀质，恬淡寡欲，有箕山之节，可谓彬彬君子。”

扬雄，字子云，西汉末年的著名文学家、哲学家，被誉为“西汉孔子”。他的代表作《法言》是一部仿效《论语》体例的哲学著作，全书共十三篇，采用问答形式，探讨了宇宙、人生、政治、道德等多方面的问题。

力称乌获　勇尚孟贲

解说

乌获，战国时秦国大力士，力能扛鼎，与力士任鄙、孟说同时被秦武王宠用。

孟贲，齐勇士，以力大勇猛著称于世。据说他能把活牛角拔下来。

八龙荀氏　五豸(zhì)唐门

解说

荀淑有八子，个个都非常聪明，当时的人称其为“八龙”。

豸，指无脚的虫子，旧时御史官服以豸为图案，故又引申为御史。宋代唐肃祖孙五人相继任御史，人称“一门五豸”。所以又有人称“五豸唐门”。

张瞻炊臼　庄周鼓盆

解说

江淮有个王生，善于占卜。有个叫张瞻的客商回家前做了一个梦，梦见自己用臼做饭，向王生问吉凶，王说：“在臼中做饭就是没有釜，釜去声就是妇人的‘妇’字，妇去了。”果然，当他回去时，妻子已经死了。

庄子的妻子死了，惠子来吊唁，庄子正坐在地上敲着瓦盆唱歌。后人就称丧妻为鼓盆之戚。

疏脱士简　博奥文元

解说

张率，字士简，南朝梁人，嗜酒疏脱。任新安太守时，派家童运米三千斛回家。途中耗失大半，问其原因，家童说是麻雀、老鼠偷吃了。张感叹说：“真厉害的雀、鼠啊！”竟不再追究。

萧颖士，唐人，博学多才，谥号文元。他有一个仆人名叫杜亮，常无故遭到他的打骂，有人劝杜亮离去，杜亮说：“我岂不知？只是尊敬他博学多才，才恋恋不去啊！”

敏修未娶　陈峤初婚

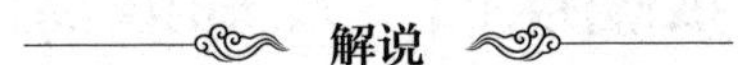

解说

陈敏修，宋人，考中进士时已经七十三岁，还没有娶妻，皇帝就把三十岁的宫女嫁给他，陪嫁十分丰厚。当时的人说：“新人若问郎年纪，五十年前二十三。”

陈峤，宋人，六十岁进士及第。一个书香大户将女儿许配给他，新婚之夜，有人作诗：“彭祖尚闻年八百，陈郎犹是小孩儿。”

长公思过　定国平冤

解说

长公，韩延寿，西汉人。任左冯翊时巡察高陵，有兄弟为争夺田产打官司。韩延寿知道后很伤心，他认为亲兄弟竟然为了田地打官司，一定是自己这个父母官没有做好，于是闭门思过。两兄弟听说后，都很惭愧，都愿以田相让，终死不敢争讼。

于定国，西汉大臣，审慎决断，哀恤鳏寡，治狱公平、宽简，曾为东海孝妇平冤，于是人们赞扬说：“于定国为廷尉，民自以为不冤。”

陈遵投辖　魏勃扫门

解说

陈遵，西汉人，生性好客。辖，固定车轮的销钉。陈遵热情好客，每次和朋友聚饮，为了留客，常把客人所乘车的车辖丢到井里，使客人不得归。

魏勃，汉代人，想见齐相曹参，因为贫穷，没有东西送人，于是一大早就起来打扫齐相门人的庭院。门人感到奇怪，问他为什么，他说明了想见齐相的来意。经门人引荐，因此得见曹参，被荐为齐内史。后世以“扫门”表示求见权贵。

孙琏织屦　阮咸曝裈

解说

孙琏，宋人，家贫，爱读书，淡泊明志，不参加科举考试，不博取功名，靠耕田、种地、编鞋为生。清心寡欲、淡泊名利，这种闲适的生活态度，比身在富贵更加逍遥自在。

阮咸，“竹林七贤”之一，阮籍的侄子。曝，晒。裈，裤子。阮咸居道南，其他阮姓家族住道北，北阮富，南阮贫。七月七日，道北阮氏晒衣服，都是纱罗锦绮，道南阮咸用竹竿在院子里挂上粗布犊鼻裈，说：“未能免俗，做个样子吧。”

晦堂无隐　沩山不言

解说

晦堂，即宋僧，与黄庭坚是朋友。黄庭坚不能理解《论语》中孔子所说“吾无隐乎尔”，便去请教晦堂。当时暑退凉生，秋香满院，晦堂问：“你闻到木樨香了吗？”黄庭坚答：“闻到了。”晦堂说：“吾无隐乎尔。”黄庭坚马上领悟。

沩山，唐代和尚。香岩禅师未出家时去拜见沩山。沩山问香岩：“父母未生时，试道一句看。”可是香岩不知道如何回答。参禅悟道主要是“悟”，如果不能悟出其中的道理，简单的话就好像是深奥的道理一样。

庄生蝴蝶　吕祖邯郸

庄子梦见自己变成了一只自由飞翔的蝴蝶，在花间翩翩起舞，完全忘记了自己是庄子。醒来后，庄子感到困惑，不知道是自己梦见了蝴蝶，还是蝴蝶梦见自己变成了庄子。这个寓言探讨了人的自我意识和梦境与现实的关系，表达了庄子关于万物齐一、物我两忘的哲学思想。

吕祖，吕洞宾，八仙之一。书生卢生经过邯郸时，遇到吕洞宾，感叹自己贫困。吕洞宾给他一个枕头，说睡着就可得到荣华富贵。这时店主正煮黄粱饭。卢生枕着枕头在梦中经历了种种荣华富贵，醒来发现黄粱饭还没有煮熟。

谢安折屐　贡禹弹冠

解说

谢安，东晋人。他任宰相时前秦苻坚南侵，其侄谢玄领军，大败敌兵。当捷报传来时，他神情严肃，可是当他一个人独处时却掩饰不住内心的喜悦，连脚上的屐齿折了也不知道。

贡禹，西汉人，其好友王阳任刺史后，贡禹弹冠相庆，等待王阳举荐自己。后世以“王阳在位，贡禹弹冠”嘲讽依靠关系谋求官位的人。

颉(yì)容王导　浚杀曲端

解说

颉，周颉，东晋大臣。王敦之乱，刘隗主张尽除王姓。周颉面见皇上为王导求情，王导这才免罪。后来王敦攻入建康问：“周颉怎么样？”王导没有回答，王敦于是把周颉给杀了。后来王导知道周颉曾救过自己，追悔莫及，说：“我虽不杀伯仁（周颉），伯仁由我而死。”

浚，张浚，宋大将。曲端，宋将，与夏、金战都有功，生性刚愎自用。张浚想重用曲端，然而吴蚧与曲端有矛盾，于是进言说重用曲端会对张浚不利，于是张浚放弃了重用曲端的念头。王庶又诬告曲端写的诗“不向关中兴事业，欲来江上泛渔舟”为指斥皇上，曲端于是被捕下狱，不久就死了。曲端本是英勇善战的抗金将领，只是因为被多方陷害，最终死于非命。

休那题碣（jié）　叔邵凭棺

解说

休那，姚康，明朝人。据传，姚康在七十岁时，预感自己时日无多，便请好友史可法在其墓碑上题写“明读书人姚康之墓”。他还亲自撰写了一副对联：“吊有青蝇，几见礼成徐孺子；赋无白凤，免得书称莽大夫。”这副对联表达了他对友情的淡泊和对名利的超脱。

叔邵，方叔邵，明朝人，善书法。他生性豪放不羁，以诗酒为乐，临终前整衣入棺，并且凭棺而书：“千百年之乡而不去，争此瞬息而奚为？无干戈剑戟之乡而不去，恋此枳棘而奚为？清风明月如常在，翠碧丹崖我尚归，笔砚携从棺里去，山前无事好吟诗。”

如龙诸葛　似鬼曹瞒

解说

诸葛亮，号卧龙先生，蜀国谋臣。东汉末年隐居隆中，人称卧龙先生。

曹操，小名阿瞒。传说他临终前嘱咐他的妻妾们自谋生路，闭口不谈国事。有人评论说：“平生奸伪，死见真性，操之所以如鬼也。”

爽欣御李　白愿识韩

解说

爽，荀爽，东汉人。李，东汉李膺。李膺有很高的名望，荀爽非常仰慕，曾经拜见他，并为他驾车，回家后，他高兴地说："今日能够为李君驾车。"

白，李白。韩，韩会，以好士荐贤著称。李白在《与韩荆州书》中称颂他："白闻天下谈士相聚而言曰：'生不用封万户侯，但愿一识韩荆州。'"后世用"识荆"为初次见面的敬语。

黔娄布被　优孟衣冠

qián

解说

黔娄，春秋齐人，坚守贫穷，气节不移。死时，布被不能蔽体，盖头则露脚，盖脚则露头。曾子对黔妻说："把被子斜盖如何？"其妻说："与其斜而有余，不如正而不足。"

优孟，春秋时期楚国人，楚相孙叔敖知道他很贤能，便厚待他。孙叔敖死后，他的儿子很贫困。优孟就穿着孙的衣服，戴着孙的帽子，模仿孙的神态，往楚王前祝寿。楚王以为是孙复生了，大惊，想让他为相。优孟说孙叔敖虽为宰相，可是死后，妻、子贫苦不堪，不如不为相。楚王感悟，于是把孙的儿子封于雍丘。

tuán

长歌宁戚　鼾睡陈抟

解说

宁戚，春秋齐人，怀才不遇，隐于商贾。齐桓公外出，宁正在喂牛，叩牛角而歌：“南山矸，白石灿，生不逢尧与舜禅，短布单衣适至骨干，从昏饭牛薄夜半，长夜漫漫何时旦。”齐桓公听了，把他任命为上卿。

陈抟，北宋人，最初隐居武当山，后来移居少华山，喜欢鼾睡，常百余日不起来。

曾参务益　庞德遗安

解说

曾参得病，二子在旁侍候。于是他告诫二子说有德行的人要努力做好事，不要为了利益而最终害了自己。

庞德，庞德公，东汉人，不为仕进，而隐居山间。刘表问他，若居乡间不肯为官，以什么留传子孙？庞德说世人留传下来危害，我却留传给子孙安宁。

穆亲杵臼　商化芝兰

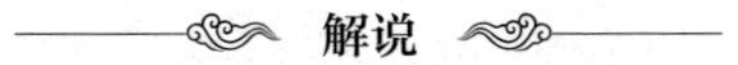

解说

穆，公沙穆，东汉人，家贫，好读书，无钱入学，便受雇为吴祐舂米。吴与他交谈，才知他品学超人，于是结为知己，后来人称为杵臼之交。

商，卜商，春秋鲁人，孔子多次赞扬他："与善人居，如入芝兰之室，久而不闻其香，即与之化香。"近朱者赤，近墨者黑，受不同的影响，变化就不同，因此我们在择友时要慎重。

葛洪负笈　高凤持竿

解说

葛洪，晋道士。笈，书箱。葛洪家穷得连篱笆墙都没有，出入披榛排草，几次遭火灾，典籍都烧光了。他干脆闭门不出，断绝交往。如果有疑问，则不远千里求教。常常背着书箱，借书抄写，砍柴卖钱买纸笔以抄写背诵。

高凤，东汉人，贫而好学，一次家里晒麦子，高凤持竿赶鸡，天突然下暴雨，他持着竿仍在背诵经书，麦子被雨水打湿了竟然都不知道。

释之结袜　子夏更冠

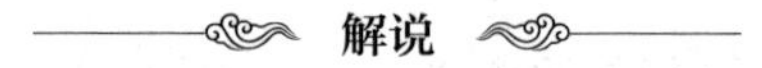
解说

释之，张释之，西汉人。任廷尉时，有次请客，来了个叫王生的老者，老者袜带松了，便叫张廷尉来帮助系上，张便跪下为他系上鞋袜。有人责怪老者，他答："我年老力衰，名微言轻，不能给廷尉帮什么忙，这次不是可以给他增加贤名吗？"

子夏，杜钦，家境富有，但是有一只眼是瞎的。杜邺，也字子夏，他们都以才能著称。士大夫把杜钦叫作“盲杜子夏”。因为讨厌别人用“盲”字称呼自己，于是他做了一顶小帽子戴着，人们就叫他“小冠杜子夏”，而称呼杜邺为“大冠杜子夏”。

直言唐介　雅量刘宽

解说

唐介直言敢谏，他弹劾文彦博结交后宫，窃取相位。仁宗发怒，要处罚他。唐介从容地说：“臣忠愤所激，鼎镬不避，何怕远谪。”

刘宽，东汉人，温仁多恕。要上朝时，一奴婢端着肉汤出来，洒在他的朝服上，他神色不改，反而问宫女是否烫伤了手。又一次，有人误把刘宽的牛当作自己的牛，刘宽也不辩说，下车步行回家，过了一会儿那人找回了自己的牛，便来找刘宽还牛认错，刘宽还安慰他。可见刘宽的度量不是一般人能比得过的。

捋须何点　捉鼻谢安

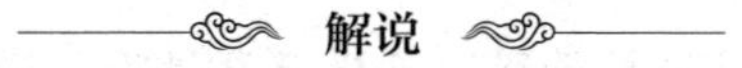

解说

何点，南朝梁人，与武帝有交情。武帝赐给他鹿皮巾，想任命他为侍中，他用手去捋武帝胡须，说：“你想让我向你称臣吗？”何点终身没有做官。

谢安兄弟皆在朝中为官，只有谢安东山高卧，不肯出来做官。夫人和他开玩笑说不应该这个样子，而谢安捏着自己的鼻子说：“我担心还是免不了要出去做官。”

张华龙鲊（zhǎ）　闵贡猪肝

解说

张华，西晋人。鲊，腌鱼类。陆机送鲊给张华，张华惊道：“这是龙肉啊！”众人不信。张华说：“试以苦酒灌之，必有不同的反应。”于是用苦酒浇在上面，顿时五色光起。详细问了主人，才知道是用在柴草堆下得到的白鱼做成的。

闵贡，东汉人，家贫无钱买肉，每天仅买一片猪肝，屠户不愿意卖给他。县令每天令小吏给他送猪肝，闵贡觉得自己对当地的百姓没有一点儿贡献，反而受到他们的优待，于是就迁往别处了。

渊材五恨　郭奕三叹

解说

彭渊材，宋人，平生喜好出游。常说平生有五恨：一恨鲥鱼多骨，二恨金橘带酸，三恨莼菜性冷，四恨海棠无香，五恨曾子固不能诗。

郭奕，晋人。他邀请羊祜相见，见面后叹道：“羊子并不比我差。”便请羊祜暂住，再见之下叹道：“羊子比一般人高明多了。”羊祜离去时，郭送到百里之外，叹道：“羊子比颜渊也不差啊！”

弘景作相 延祖弃官

解说

陶弘景，南朝梁人，隐居在句曲山，皇帝每每有吉凶征讨大事，都前去请教他，人称“山中宰相”。

元延祖，唐人，矢志不做官。亲属逼他去做官，他刚上任就辞官归家了。他认为人生衣食温饱就行了，不宜再有更多的要求。除了灌园浇田这些基本的谋生手段，其他的就不必考虑了。

二疏供帐 四皓衣冠

解说

疏广，西汉人，侄子疏受。疏广任太子太傅，疏受任少傅。后两人以病辞官。回乡那天，公卿大夫设供帐饯行，都称他们是两位贤大夫。

秦末东园公、角里先生、绮里季、夏黄公隐居在商山，都八十多岁，时称“商山四皓”。刘邦想废太子，吕后便请“商山四皓”陪太子。刘邦见四人须眉皆白，衣冠甚伟，觉得太子有这四人辅佐，羽翼已成，就打消了更立太子的念头。

曼卿豪饮　廉颇雄餐

解说

曼卿，石延年，宋人。喜欢痛快喝酒，他饮酒不同于其他人，每次与客人饮酒，都露发跣足，狂饮无度。他或戴枷锁而饮，或坐在树梢上饮，可谓多种多样。于是人们把曼卿饮酒称作豪饮。

廉颇，战国赵将，因赵王任用乐乘，廉颇跑到魏国。后来赵王想起用廉颇，就派人去魏。廉颇特意在使者前一顿吃一斗米、十斤肉，穿上铠甲，跨上战马，表示自己虽老仍健，可堪重任。但使者被人收买了，在赵王前说了廉颇的坏话，于是赵王不再起用廉颇。

长康三绝　元方二难

解说

长康，顾恺之，晋代画家，他画的人物，重点睛传神。世称他有三绝，即才绝、画绝、痴绝。

陈寔与二子陈纪、陈谌时号“三君”。陈纪之子长文、陈谌之子孝先，各论其父功德，相争不决，只好求之于祖父，陈寔说：“元方（纪）难为兄，季方（谌）难为弟。”意思是指两兄弟都很好，难分高下。

曾辞温饱　城忍饥寒

解说

王曾，宋人，为布衣时曾说："平生志不在温饱。"为《梅花》诗："雪中未问调羹事，先向百花头上开。"当朝宰相看见他说："此生已安排好做状元宰相了。"

阳城，唐朝人。阳城隐居中条山，遇到灾年，足迹不超过邻里。扫榆叶煮粥，但还是坚持不停地讲学。有人同情他，给他食物，他不要，给糠则接受。后来他担任谏议大夫，有刚直的名声。

买臣怀绶　逢萌挂冠

解说

朱买臣，西汉大臣。少时家中贫穷但好学，以卖柴为生。他的妻子嫌弃他穷离开了他。后来他担任会稽太守，穿着旧衣，胸怀官印和绶带，走回故乡，郡吏都不理他。当他拿出官印和绶带时，郡吏才知道太守到，忙请守丞拜谒。

逢萌，东汉人，去长安求取功名，时王莽杀了自己的儿子王宇，逢萌认为自己也要遭殃了，于是把官帽挂在东城门上，带着全家去了辽东。后人把辞官说为"挂冠"。

循良伏湛　儒雅兒宽

解说

伏湛，东汉人。东汉更始之乱时，他任平原太守，捐俸禄赈济饥民，使一郡百姓免遭涂炭。光武帝时任大司徒，奏请行乡饮酒礼。

兒宽，西汉人，为政廉洁有方，深得吏民信爱。曾经因收租税最少而被免职，百姓知道后纷纷献粮，考核时他的税银反而是最多的。

欧母画荻　柳母和丸

解说

欧阳修，四岁丧父，母亲亲自教育他，那时因家境贫穷，母亲常以荻草为笔，在地上教他识字。

柳公绰，唐人，他的母亲常将苦参、黄连和熊胆制成药丸，让儿子夜里读书时咀嚼，以苦自勉。

韩屏题叶　燕姞(jí)梦兰

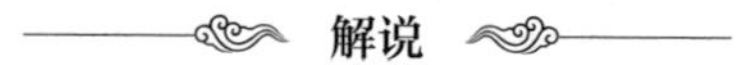
解说

相传唐僖宗时，宫女韩翠屏偶题诗于红叶：“流水何太急，深宫尽日闲，殷勤谢红叶，好去到人间。”后来学士于祐拾到，也题诗：“曾闻叶上题红怨，叶上题诗寄阿谁？”并放到水里流入宫中。后来僖宗放宫人三千，丞相做媒，于祐与韩翠屏结为夫妻，各出红叶，相视而笑：原来姻缘是天定。

郑文公有妾叫燕姞，梦见天使给自己兰花，并且怀孕了，后来生了一个儿子取名为兰，这个人就是秦穆公。

漂母进食　浣妇分餐

解说

韩信未得志时，常在河边钓鱼，一位洗衣老妇经常分些饭给他吃。后来韩信被封淮阴侯，送给漂母千金作为报答。

伍子胥从楚国逃往吴国，到溧阳时，又饿又乏，向一洗衣妇乞食，那妇人分了些食物给他吃。走时，他叮嘱妇人不要向任何人说及他的去向，那妇人答应了。他没走多远，那妇人便投水自尽，以示不负所托。

令威华表　杜宇西山

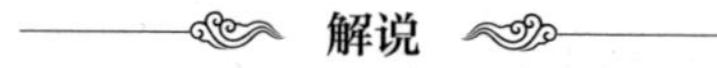

丁令威，相传是东汉辽东人。据说令威在灵虚山学道成仙，变成白鹤回来，栖息在城门华表上。有个少年举弓想要射他，白鹤飞走，并作人言说：“有鸟有鸟丁令威，去家千年今始归，城郭如故人民非，何不学仙冢累累。”

杜宇，传说为古蜀帝，遇水灾，认为自己没有仁德，就把位置禅让给丞相开明，自己去西山隐居。死后，他的魂化为杜鹃鸟，俗称子规。

范增举玦　羊祜(hù)探环

解说

范增是西楚霸王项羽的重要谋臣，被尊称为“亚父”。在一次宴会上，范增多次举起他所佩戴的玉玦，暗示项羽下定决心刺杀刘邦。玉玦是一种圆环形且有缺口的佩玉，其谐音“决”，寓意决断。然而，项羽未能决断，最终错失了良机。

羊祜，字叔子，西晋开国功臣。据传，羊祜五岁时，曾让乳母取他玩耍的金环，乳母告知并未见过此物。羊祜便走到邻人李氏的桑树前，找到了金环。李氏认出这是他已故儿子的遗物，对此感到非常惊讶。这个故事后来被用来比喻轮回转世。

沈昭狂瘦　冯道痴顽

解说

沈昭略，南齐人，性狂狷，使酒任气。有一晚酒醉遇王约，便说：“你为何又肥又痴？”王反唇相讥：“你为何瘦而狂？”沈抚掌大笑：“瘦已胜肥，狂又胜痴，奈何，奈何，王约，奈汝痴何？”

冯道，五代人，侍奉过十个君王，早把丧君亡国不当回事。契丹灭了后晋，冯在京师见契丹主耶律德光。耶律讥讽他：“是何等老子？”冯卑躬屈节地说：“无才无德痴顽老子。”虽然冯道曾经权倾朝野，但是此时也只能自卑自贱，因为他只是一个亡国奴。

陈蕃下榻　郅恽拒关

zhì yùn

解说

陈蕃，东汉人，任豫章太守时，闭门谢客，只有郡中名士徐孺子来，陈蕃才会特为他设榻，徐孺子一走就把榻挂起来。后称接待宾客处为“下榻”。

郅恽，汉光武帝时任东门侯。有一次光武帝刘秀外出打猎，回来时已经是夜里了，郅恽拒不开门，皇帝只好从中东门入。第二天郅恽上书谏道：“陛下远猎山林，夜以继日，置宗庙社稷于何地呢？”后来光武帝奖赏了郅恽，而将放他进来的中东门侯贬为尉官。

雪夜擒蔡　灯夕平蛮

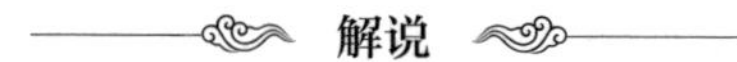

解说

唐将李愬任唐邓节度使后，表面松懈军纪以麻痹叛将吴元济，暗中却训练精锐、重用降将。元和十二年十月雪夜，他率军急行七十里奇袭蔡州，趁叛军不备破城生擒吴元济，平定淮西之乱。

北宋时，狄青任广西宣抚使，逢元宵灯节，狄青利用这个时机，设计麻痹敌兵，乘机将昆仑关守敌一举歼灭。这就是历史上有名的“灯夕平蛮”。

郭家金穴　邓氏铜山

解说

郭家，指郭况，他是东汉光武帝郭皇后的弟弟，赏赐不计其数，家中积金以亿计算，京师称其家为“金穴”。

邓氏，指邓通，西汉人。曾经有个算命先生说邓通将来会被饿死，后来他用嘴替文帝吸脓汁而得宠，被赏蜀严道铜山，自己铸造铜钱，因而大富。景帝即位后，非常讨厌他，于是将他的所有钱都收入官库。邓通后来身无分文，因饥饿而死。

比干受策　杨宝掌环

解说

比干，何比干，汉代人。汉武帝时，他任廷尉，为官公正严明，为百姓做了很多好事，深受人们的爱戴。相传有一老太婆到何家，给他九十九枚策书，说：“你的子孙将来佩印者有此数。”

杨宝，汉代人，相传他九岁时曾救一只受伤的黄雀，经过他的精心照料，黄雀得以痊愈。有一次黄雀变成一黄衣童子，自称西王母的使者，给杨宝四枚白玉环，说善用此环，子孙可以富贵。

晏婴能俭　苏轼为悭

解说

晏婴，春秋时齐国人，执政五十多年，节俭力行，每顿饭只吃素菜，衣服也是几十年不换，妾不穿帛衣，一狐裘能穿十三年之久。人们认为他过于节俭，可是他仍然保持这种节俭的作风。

苏轼不好奢侈，力求简朴，曾自评：“仆行年五十，始知作活大要是悭耳，文以美名，谓之俭素。”吝啬本来是贬义词，可是被苏轼说成是简朴、朴素，表现出一种乐观的生活态度。

堂开洛水　社结香山

解说

堂，指宋人文彦博所建的耆英堂。他曾以太尉之职留守在西都洛阳，把居住在洛阳的德高望重者聚集在一起，名“洛阳耆英会”，并且建了耆英堂。

白居易贬为江州司马时，号为香山居士。晚年，他与一些志同道合的朋友共结香山社，社由九人组成，时人有“香山九老”之称。“社结香山”指的就是这件事。

腊花齐放　春桂同攀

解说

武则天天授二年冬，武则天想要试探群臣对自己的态度，便派使者宣诏说："明朝游上苑，火急报春知；花须连夜发，莫待晓风吹。"次日凌晨，上苑果然百花竞放，群臣都感到很惊讶，连武则天自己都感觉很惊讶。

相传明代仪真地方有蒋、王二书生，元旦一起游庙，闻桂花香。两人分别到左右树下各折桂花一枝。后来蒋、王二人同中进士，蒋官至知府，王官至布政。

卷二

飞凫(fú)叶令　驾鹤缑(gōu)仙

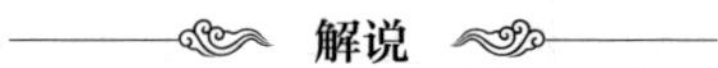

凫，野鸭。传说东汉王乔为河南叶县县令时，每月初一、十五，从叶县来早朝总不乘车骑。皇上很奇怪，就派太史令在暗中观察，他们发现每当王乔来时，都有双凫从东南飞来，等凫飞到，举网捕之，原来是皇上曾经赏赐的两只官鞋。

缑，缑氏山，在今河南偃师。传说周灵王太子晋游于伊洛间，被道士浮邱公接到嵩山，修炼仙术。三十年后遇见桓良，让桓转告家人，七月七日在缑氏山顶等他。到了那天，他果然乘白鹤，驻山头，可望见却不能接近。

刘晨采药　茂叔观莲

解说

相传东汉剡溪人刘晨、阮肇到天台山采药时迷路了，被两个仙女邀请到家中，结为夫妻。半年后，二人回到原来的家中，发现已经过了七世，这才明白自己所遇的是仙女，再去天台山寻访她们的时候，踪迹全无。

周敦颐，字茂叔，北宋人。他生性爱莲，并著有《爱莲说》，称莲为“花之君子”，赞美其“出淤泥而不染，濯清涟而不妖”。

阳公麾日　武乙射天

解说

阳公，鲁阳公，春秋楚人。传说周穆公时，鲁国和晋国发生战争，战斗非常激烈，可是这时天色已晚，鲁阳公便引戈挥落日，落日为之退避三舍。

武乙，商朝晚期的一位君主。武乙在位时，巫教势力非常强大，他采取了一系列措施打击巫族。武乙制作了一个偶人，将其称为“天神”，并与这个偶人进行博弈。他还让人代替天神落子，当天神“输”了之后，武乙便对偶人进行侮辱。此外，武乙还制作了一个皮囊，里面装满兽血，将其悬挂在高处，然后仰面射箭，称之为“射天”。

唐宗三鉴　刘宠一钱

解说

唐宗，指李世民。鉴，镜。李世民曾对群臣说：“以铜为鉴，可正衣冠；以古为鉴，可知兴替；以人为鉴，可明得失。魏徵殁，朕亡一鉴矣！”

刘宠，东汉人，为官清廉。在离太守任时，有五六个乡老各赠百钱为他送行，并赞他：“自君来以后，犬不夜吠，民不见吏，今闻当见弃去，故自扶奉。”刘宠感动他们对自己的真情厚意，每人收了一钱，人称“一钱太守”。后人以此作为廉洁官吏的别称。

叔武守国　李牧备边

叔武，春秋卫成公的弟弟，成公因为害怕晋国攻打而逃往楚国，留叔武守国。后来成公听信谗言，以为叔武自立为君，便射死了他。

李牧，战国时期赵国良将，镇守赵国的北境。他对付匈奴有一套自己的办法，并根据匈奴人的特点制定不同的策略。可是赵王听信谗言将李牧撤换，使得匈奴有了喘息的机会；后赵王再次起用李牧，打败匈奴，使匈奴十余年不敢犯边。可是赵王最终还是中了秦国的反间计，将李牧杀死了。

少翁致鬼　栾大求仙

解说

少翁，西汉术士。汉武帝在宠妃李夫人死后，思念不已。少翁称能夜召鬼神，让李夫人再现。汉武帝于是下令把李夫人召回来。晚上，少翁以方术召来李夫人，后因迎招天神骗术败露，被杀。

栾大，西汉方士，曾对武帝夸口说：“臣常往来于海中，与安期、羡门等仙人会面。”又说：“他们告诉我‘黄金可用药炼成，河水溃决可以堵塞，长生不死药可以觅得，仙人也可招请来’。”武帝就把卫长公主嫁给他为妻，并且要他求取长生不老药。后栾大因骗术败露被腰斩。

彧(yù)臣曹操　猛相苻(fú)坚

解说

荀彧，东汉末年著名的政治家，曹操最为器重的谋士之一，参与军国大事的决策，屡出奇谋，为曹操统一北方立下了汗马功劳。然而，在曹操晚年，荀彧与曹操在是否篡汉自立的问题上发生严重分歧。荀彧坚持忠于汉室，反对曹操称帝，最终因意见不合，被曹操疏远，并在忧郁中病逝。

王猛，前秦时期重要的政治家、军事家。早年隐居在华阴山，后应苻坚的招请，出山辅佐苻坚，最终官至丞相，被誉为“功盖诸葛”。临终时，他劝谏苻坚不要轻举妄动攻打东晋，认为时机未成熟。然而，苻坚未听从王猛的遗言，执意发动淝水之战，结果招致惨败，前秦也因此由盛转衰。

汉家三杰　晋室七贤

解说

汉家三杰，指张良、萧何、韩信。刘邦曾论到："夫运筹策帷帐之中，决胜于千里之外，吾不如子房（张良）；镇国家，抚百姓，给馈饷，不绝粮道，吾不如萧何；连百万之军，战必胜，攻必取，吾不如韩信。此三者，皆人杰也，吾能用之，此吾所以取天下也。"刘邦给予三人充分的肯定，但最为关键的一点：刘邦慧眼识英才，所以只有他可以坐江山。

七贤，指"竹林七贤"。由于阮籍、嵇康都没有入晋，所以称"晋室七贤"是不准确的。

居易识字　童乌预玄

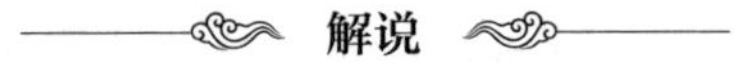

解说

白居易出生六七个月时，乳母抱他到书屏下，指"无""之"二字教他，他虽口未能言，但已默记在心，百试而不差。

童乌，扬雄的第二个儿子，早夭。九岁时参与扬雄《太玄》的创作。后人以"童乌"称早慧或幼殇的孩子。

黄琬对日　秦宓论天

解说

黄琬，东汉黄琼的孙子。桓帝建和元年，有日食，在长安看不到。黄琼从魏郡把情况向京师报告，太后问：“日食所食多少？”黄琼不知如何回答。七岁黄琬对祖父说：“何不说日食之余，如月之初？”

秦宓，三国蜀人，与东吴使者张温辩论。张问：“天有头吗？”秦答：“有。你难道没有听说过《诗》云：‘乃眷西顾。’吗？”张问：“天有耳朵吗？”秦答：“有。你没有听过‘鹤鸣于九皋，声闻于天’吗？”又问：“天有脚吗？”答：“有。难道没有听说‘天步艰难’吗？”又问：“天有姓吗？”答：“姓刘。”问：“为什么？”秦从容回答：“因为当今天子姓刘。”

元龙湖海　司马山川

解说

元龙，陈登。许汜曾对刘备论陈登：“陈元龙湖海之士，豪气不除。”

司马迁从20岁开始漫游，足迹遍及全国各地，掌握了大量材料，为写作《史记》做了充分的准备。

操诛吕布　膑杀庞涓

解说

吕布最初跟从丁原，后杀丁原依附董卓，又与王允为谋，杀了董卓。建安三年，曹操在下邳攻吕布，用荀攸、郭嘉的计策，用泗沂水灌城，一个月后，捉住了吕布，并在下邳把他杀了。

孙膑，战国时期齐国军事家，曾被庞涓陷害。梁惠王二十八年，庞涓作为魏将，攻打韩国。韩向齐求救，齐以田忌为将，孙膑为军师出兵攻魏救韩。庞涓回军救魏，孙膑知道庞涓尾随追来，就在马陵道设伏，又派人把树皮削去，上面写着“庞涓死于此树之下”，再让万名善于射击的士兵埋伏起来，一旦晚上见树下点火，便万箭齐发。庞涓当晚赶到，见树上有字，令人点火照看，齐军万箭齐发，魏兵溃败，庞涓便自杀了。

羽救巨鹿　准策澶渊

解说

宋义为楚军统帅，去救巨鹿，在安阳逡巡四十六天不敢进兵。项羽杀了宋义，带兵渡过漳河，破釜沉舟，带三日粮，以表示决一死战。终于大破秦军，解了巨鹿的围。

宋真宗景德元年，辽攻宋，十一月进兵澶州，真宗想要逃往南方，寇准力劝皇帝亲自出征，终于为真宗接受。后辽提出议和，宋真宗答应了，给辽输银纳绢，史称“澶渊之盟”。

应融丸药　阎敞还钱

解说

应融，汉代人。祝恬去京城经过邺城时，染上瘟疫，向朋友邺令谢著求助，谢著却避而不见。到汲县时，汲令应融很同情祝恬，为他安排住处，亲手为他制作丸药让他服用。十几天后，祝恬康复，分手时两人依依惜别。

阎敞，汉代人。曾有人托其保管一百三十万钱，后那人全家病死，只有一个九岁的孙子。孙子长大后来找阎敞，阎敞就把一百三十万钱还给他。孙子奇怪地说：“祖父说只有三十万，不是一百三十万啊。”阎说：“那是你祖父病重时说错了，请查收不要怀疑。”

范居让水　吴饮贪泉

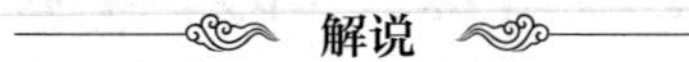
解说

范居，南朝宋人。让水，一名逊水，在陕西，源出濂水。范进见皇帝时，谈到广州的贪泉，帝问：“你们那地方也有贪泉吗？”范说：“梁州家乡只有文川武乡，廉泉让水。”帝又问：“你们家住什么地方？”答：“在廉让之间。”后来就以“廉泉让水”比喻风土淳朴。

吴，吴隐之，东晋人，为人正直耿介，操守清廉。贪泉，水名，在今佛山南海区。吴为广州刺史，到贪泉前，酌而饮之，赋诗曰：“古人云此水，一歃怀千金。试使夷齐饮，终当不易心。”他饮此泉后，不仅不变贪，反而更加高洁清廉。离任时夫人带了一片沉香，被他投在湘亭之水中。

薛逢羸马　刘胜寒蝉

解说

薛逢，唐人，会昌进士，晚年官运不佳，常骑一匹瘦骨突露的老马上朝。一次，正值新进士入朝谢恩，见薛行李简陋，前面的人就大叫：“回避新郎君。”薛说：“别贫而暴离，不脱寒伧相，你老祖三五年少时，也曾东涂西抹呢。”

刘胜，东汉人，罢官回家后，闭门谢客，不问政事。有一次，王昱对杜密称赞刘胜是清高之士，杜密答：“刘胜位为大夫，知善不举，闻恶无言，隐情惜己，自同寒蝉，是个罪人。”

捉刀曹操　拂矢贾坚

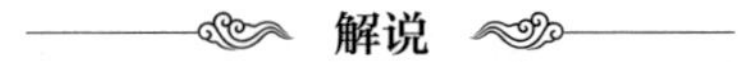

解说

曹操要接见匈奴使者，却自认为相貌丑陋，不足以威慑远方国家，于是让仪表堂堂的崔琰替自己接见使者，自己却持刀站在一边假充侍卫。接见过后，曹派人去问使者：“你看魏王如何？”使者答道：“魏王雅望非同一般，但床边握刀人，才是真英雄。”

贾坚，北燕人，以善射著名，能拉开三石弓。一次烈祖恪要试他射技，便牵了一头牛，放在百步之外，让他射，问：

“能射中吗？”他说：“少壮之时可能射不中，今已年老，正能射中。”烈祖恪大笑。贾坚第一箭从牛脊上拂过，第二箭擦着牛肚皮穿过，都射落一点牛毛。问：“还能中吗？”说：“所贵者不中，射中有什么难？”于是一箭中牛。那时贾坚已年过六十，观看的人无不佩服他的箭法高妙。

晦肯负国　质愿亲贤

解说

徐晦，唐人，经杨凭举荐做官。后来，杨凭得罪被贬，亲友无人敢为他送行，徐晦却送他到蓝田才离开，以报知遇之恩。后来李夷简推荐徐晦为监察御史，徐晦问：“平素和你没有交情，为什么举荐我呢？”李说：“听说你不顾受牵连而送杨凭，难道你肯有负于国家吗？”

王质，北宋人。范仲淹被贬饶州，举朝文武及亲朋好友无一敢送，独王质抱病为范仲淹饯行，有人劝他不要陷于朋党之争，他说：“范公贤者，能成为他的同党是一件幸事啊！”

罗友逢鬼　潘谷称仙

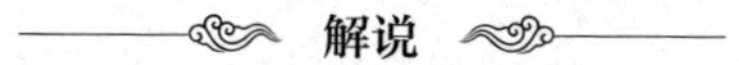
解说

罗友，东晋人。一次桓温为晋升郡守的部下饯行，大家都到了，只有罗友迟到。众人问他迟到的原因，他说：“我半路上遇见鬼了，鬼笑话我说：‘只见你送人做郡守，不见人送你做郡守。’”后来桓温就推荐他担任襄阳太守。

潘谷，宋人，善于制造墨。一天，他忽然把所有的欠墨债券烧掉，喝了三天的酒，发狂落井而死。后来人们下井察看，见他手持念珠坐在井中，苏轼称他为“墨仙”。

茂弘練(shū)服　子敬青毡

解说

王导，字茂弘，东晋宰相。練，粗丝织成的布。东晋初年，国库亏空，只有几千匹粗麻布，还卖不出好价钱。王导便让朝中有名望的大臣都穿用粗麻布做的衣服。士人们纷纷模仿，于是粗麻布价格暴涨。卖国库中的練，居然赚得了不少银两。

王献之，字子敬，东晋人。一天夜里，王献之睡在房中，见几个小偷进来，把东西都偷走了。待小偷要卷走他家的青毡时，他不紧不慢地说：“偷儿，青毡是我家旧物，可特置之。”小偷一听全吓跑了。

王奇雁字　韩浦鸾笺

解说

王奇，宋人，少时担任县掾吏，一次县令在屏风上题雁字诗一联：“只只衔芦背晓霜，昼随鸳鹭之寒塘。”王奇见了就续了两句：“晚来渔棹掠飞去，书破遥天字一行。”县令惊异其才，勉励他继续学习。

韩浦，五代人。鸾笺，彩笺，也称易笺。韩浦与弟弟韩洎皆有文采，洎轻视浦，曾说：“吾兄为文，譬如绳抠草舍，聊避风雨。予之为文，如造五凤楼手。”浦遂以蜀笔题诗一首寄洎：“十样鸾笺出益州，来新寄自浣溪头。老兄得此全无用，助尔添修五凤楼。”

安之画地　德裕筹边

解说

严安之，唐人，以政令严肃著称。一次，唐玄宗设宴于勤政楼，让士人百姓观看百戏。人群拥挤，喧声鼎沸，卫士也不能制止。于是唐玄宗召严安之来维持秩序。严安之来察看了形势，用随身带的手板在地上画线说：“逾此者必死！”众人指着那条线说：“这是严公的界线。”整日的饮宴中，没人敢越画线一步。

李德裕，唐文宗太和四年任剑南西川节度使，建筹边楼，把南面与西南少数民族接壤的山川险要地形图放置于左边，把西面与吐蕃接近处的山川地形图置于右边，他对军情了如指掌，恩威并施，边患得以平息。

平原十日　苏章二天

解说

平原，指战国时赵国公子平原君赵胜。范雎为秦相时，与魏齐有仇，魏齐逃到平原君府上。秦昭王要为范雎报仇，写信给平原君：“听说公子情重义高，愿结友。请你到秦国来，与我欢饮十日。”平原君到了秦国后被扣押，并且扬言不交出魏齐就不得归国。魏齐听后就自杀了。

苏章，东汉人，执法严明公正。他任冀州刺史时，要去查办清河太守，可是这位太守正是他的好友。太守设宴招待苏章，苏章说：“人都只有一个天，我却有两个天。今天我与你饮酒是故人交情，明天我办案就要依法办事了。”第二天定清河太守罪，州境肃然。

徐勉风月　弃疾云烟

解说

徐勉，南朝梁人。他任吏部尚书时，一天晚上正和下属闲坐，有人向他来跑官，徐勉正色道：“今夕只可谈风月，不宜及公事。”

辛弃疾，他力主抗金却遭到主和派的排挤。闲居信州瓢泉时曾赋《西江月》：“万事云烟忽过，百年蒲柳先衰。而今何事最相宜？宜醉宜游宜睡。早起催科了纳，更量出入收支，乃翁依旧管些儿，管竹管山管水。”

舜钦斗酒　法主蒲鞯

解说

苏舜钦，北宋诗人，喜欢喝酒。一天晚上，读《汉书·张良传》，读到张良与客暗杀秦始皇，误中副车，抚案大叫："可惜没有击中啊！"于是喝酒一大杯。又读到张良说"始臣起下邳，与皇上会于留，这是天让我辅佐陛下"，又抚案说："君臣相遇，竟如此难！"又喝了满满一杯。杜衍笑道："有这样的下酒物，喝一斗也不算多！"

法主，李密，唐初人。蒲，蒲草。鞯，马鞍下的衬垫。一次，李密行路，骑着黄牛，披着蒲鞯，牛角上挂《汉书》，边走边读。见到了杨素，杨素问："何处书生，这样用心学问？"又问他读什么书，答："《项羽传》。"杨素大为惊奇。

绕朝赠策　苻卤投鞭

解说

绕朝，春秋秦大夫。晋大夫士会想从秦国回晋国，秦康公非常相信士会，于是为士会归晋提供了便利的条件；可是绕朝劝谏秦王不能放士会走，秦王不听。士会临走的时候，绕朝赠给他马鞭，说："你不要以为秦国没人识得你的用心，只是我的计谋没被采纳罢了。"

苻卤，苻坚。他伐晋时曾扬言："我有百万之众，投鞭于江，足以阻断江水，还有什么攻克不了的地方呢？"至淝水，被谢玄打败。

豫让吞炭　苏武餐毡

解说

豫让，春秋晋刺客，为智伯报仇谋刺赵襄子，被抓获。赵被他的义气感动，就放了他。但豫让报仇之心不死，漆身吞炭，毁容变声，行乞于市，伺机再次谋刺。后来再次被抓，他请赵襄子脱衣，在衣上刺了三剑，然后自杀而死。

苏武，西汉人，出使匈奴，被拘押十九年，在北海大阴山中牧羊，以雪为水，吞毡为食，坚贞不屈，最后得以归汉。

金台招士　玉署贮贤

解说

金台，黄金台。相传战国燕昭王筑台，在上面放了千两黄金，以招揽天下人才。

宋太宗赵炅素来赏识苏易简的才学和品性。某日，太宗特意以轻绡材质亲书“玉堂之署”四字，飞白体飘逸隽永，赐予苏易简，命其悬挂于厅堂之前，以示恩宠。此词用来形容朝廷或者官署中聚集了许多贤才。

宋臣宗泽　汉使张骞

解说

宗泽，南宋名将，屡败金兵，金人闻之丧胆，呼之“宗爷爷”。后来宗泽被奸人陷害，闲居在家忧愤而死。

张骞，西汉人，出使西域，留西域十几年，与中亚各国通好，为中国与西域的交流做出了巨大贡献。

胡姬人种　名妓书仙

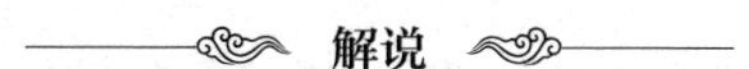

解说

阮咸爱上了姑母的一个胡人婢女，阮母去世后，姑母准备移居远方，并带走胡女。阮咸知道后，穿着孝服骑着驴追上，终于带回胡女，纳为妾，生了儿子阮孚。

长安名妓曹文姬姿艳绝伦，擅长书法，为闺阁中第一，时称“书仙”。

滕王蛱蝶　摩诘芭蕉

解说

唐代滕王李元婴喜爱画蜂蝶，能巧之外，曲尽精理。

王维，字摩诘。画《袁安卧雪图》，有雪里芭蕉，妙趣无穷。

却衣师道　投笔班超

解说

师道，陈师道，北宋末南宋初人，高尚正直有节操，素恶赵挺之。一次，参加郊祀，天气太冷，陈师道无棉衣，妻子从赵挺之家借了一件，他坚决不穿，最后因为忍冻患了疾病而死。

班超，东汉人，班固的弟弟，有大志。小时候家中贫穷，给官府抄书信，十分辛苦。一次，把笔扔在地上，说：“大丈夫没有别的本事，也该像傅介子、张骞那样立功异域，以取功名，怎能久在笔砚上消磨时光呢？”后出使西域，多次平定边乱，以功封定远侯。“投笔从戎”的典故由此而来。

冯官五代　季相三朝

解说

冯，指五代时冯道。他先仕后唐庄宗，后历仕后晋、契丹、后汉、后周，皆为高官。那个时期，官员更换频繁，而冯道却能为官五代，这与他的为官之道是分不开的。

季孙行父，春秋时期鲁国人，曾经担任鲁宣公、鲁成公、鲁襄公三朝宰相，廉洁而有忠心。

刘蕡(fén)下第　卢肇(zhào)夺标

解说

刘蕡，唐朝人，太和二年参加贤良方正考试，在对策中论宦官败政，当时考官深为叹服，但不敢录取他。刘蕡不第，正人君子为他鸣不平，被录取的李命说：“刘蕡下第，我辈登科，实厚颜矣。”

卢肇，唐人。会昌三年，与黄颇一同赴进士考，郡守设宴为黄颇饯行。后卢状元及第归来，郡守十分惭愧。时值端午，郡守请卢肇看赛龙舟，卢肇赋诗：“向道是龙人不信，果然夺得锦标归。”

陵甘降虏　蠋耻臣昭

zhú

解说

李陵，西汉将领，他奉汉武帝之命率部五千攻打匈奴，深入敌地千里，势如破竹。后来遇敌骑八万，由于孤军无援，奋战八天，粮尽箭绝，战败而降。

王蠋，战国时齐人。因劝谏齐湣王不听，便辞官回乡。燕昭王命乐毅讨伐齐国，乐毅听说王蠋贤德，命令军队不要打他的城邑，并让人对王蠋说："我请你为将，封万户，如不答应则屠城。"王答："忠臣不事二君。"于是自杀。

隆贫晒腹　潜懒折腰

解说

郝隆，东晋人。当地风俗，七月七日晒经书、衣服。到了这一天，郝隆跑出来袒腹仰卧，有人问他干什么，他说："晒腹中书。"

潜，陶渊明。担任彭泽令时，督邮来了，县吏说应该穿着整齐去见他，陶渊明叹道："我不能为了五斗米向乡里小儿折腰啊！"便辞官而去。

韦绶蜀锦　元载鲛绡

解说

韦绶，唐人，为德宗宠信。一次，皇帝与韦妃到翰林院，恰好韦绶在睡觉，学士郑絪想叫醒他，但皇帝不许。当时天很冷，皇帝就把韦妃的蜀锦袍盖在韦绶身上，悄悄离去。

元载，唐朝人，极其奢华，他所住的门窗内挂紫绡帐，绡薄而密，风都透不进，盛夏时又很凉快，卧室里隐隐有紫气。

捧檄毛义　绝裾温峤

解说

毛义，东汉人，以孝闻名。张奉慕名来看他，恰好府中有文书到，任命毛义为安阳令。毛捧着文书进来，喜形于色。张便有些看不起他。后来毛母去世，毛辞官服孝，官府征辟都不入朝了。张奉叹道：“贤者深不可测啊！毛义往日的喜形于色，是为了宽慰亲人啊！”

一次温峤去执行公务，母亲阻拦，扯住他的衣裳。温峤于是脱下衣服上路。后来政局动乱，温母去世。温峤为自己无法归葬而憾恨终生。

郑虔贮柿　怀素培蕉

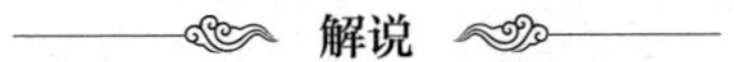

解说

郑虔，唐书画家。他常苦于无纸，于是就到慈恩寺门前扫柿树落叶，贮存了很多的柿叶，每天取柿叶练笔。唐玄宗言其书、诗、画为“郑虔三绝”。

怀素，唐代僧人，以狂草闻名，与张旭并称“颠张狂素”。相传他种植了几万株芭蕉，以蕉叶代纸练字。

延祖鹤立　茂弘龙超

解说

延祖，嵇绍，晋人，有人评论他：“嵇延祖气宇轩昂，如野鹤立在鸡群之中。”

茂弘，王导，风采超群，令人羡慕。一次恒彝在路边见王导走过，叹道：“人言阿龙（王导）出众，阿龙确实出众。”

悬鱼羊续　留犊时苗

解说

羊续，东汉人，为官清廉。府丞曾经给他送鱼，他就把鱼挂在厅堂；不久府丞又送鱼来，羊续就把先前的鱼拿来给府丞看，以这种办法断绝别人的巴结之心。后以“悬鱼”称官吏廉洁。

时苗，三国魏人。时苗在任寿做春令时，牛生了一头小牛。到离任时，时苗就把牛犊留下，说：“牛犊是在淮南生的。”有人说：“牲畜不识其父，自当随母。”但时苗还是把犊留下才走。

贵妃捧砚　弄玉吹箫

解说

一天唐玄宗游沉香亭，见牡丹盛开，于是召李白作诗歌咏。当时李白酩酊大醉，玄宗命人用水洒在他的脸上，以醒醉意；又让杨贵妃捧砚。李白拿起笔马上写成《清平调》三章，婉丽精切。

弄玉，春秋时期秦穆公的女儿。有一个叫萧史的人，善吹箫扮作鸾凤的声音，弄玉也喜好吹箫，后来秦穆公就将弄玉嫁给了萧史，萧史教弄玉作凤鸣。十几年后，弄玉吹箫，常有凤凰闻声而来，落在房上。秦穆公于是修筑凤凰台，让萧史夫妇居住。数年后，萧史乘龙，弄玉乘凤，升天而去。

栾巴救火　许逊除蛟

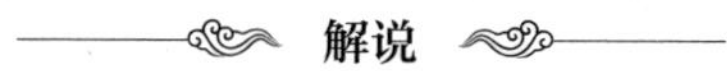

栾巴，东汉人。有一年正月初一，桓帝大宴群臣，栾迟到了，并面带酒容。皇帝赐酒，他又不饮，含酒向西南喷去，问其故，他说："刚才看到成都有火灾，所以用酒去灭火，不是敢有所不敬。"后成都来奏，果然有大火灾，并报有大雨三阵从东北来，雨中弥漫着酒气，火这才停止了。

许逊，晋人，曾得道豫章西山。江中有蛟为患，水淹旌阳，许剑斩蛟除害。

诗穷五际　易布三爻(yáo)

解说

诗，《诗经》。诗穷五际指《诗经》表达了君臣、父子、兄弟、夫妇、朋友五种人际关系。

易，《周易》。爻，组成卦的符号。三国虞翻注《周易》，自称梦见道士烧三爻给他喝下，以示受命于天。

清时安石　奇计居鄛

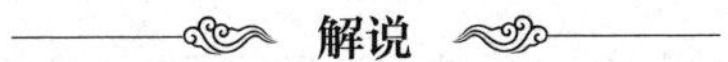

解说

谢安，字安石，晋人。时人称其高洁，他东山高卧，与王羲之、许洵等人出则游山玩水，入则吟诗作赋，享清时之乐。孙承公说：“谢公清于无奕（谢无奕），润于道村（支遁）。”

居鄛，地名，项羽谋士范增的故里。范增屡为项羽出奇计，帮助项羽成就大业，后受刘邦离间，愤然离开项羽。

湖循莺脰(dòu)　泉访虎跑

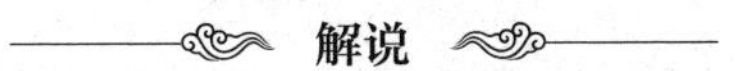

解说

脰，鸟脖颈。莺脰，湖名，在江苏，形似莺脰。

虎跑泉，在杭州虎跑寺中，泉水清冽异常。

近游束晳　诡术尸佼

解说

束晳，晋人，博学善文，不慕权贵，曾作《近游赋》。

尸佼，战国鲁人，思想驳杂，属诡辩一派。

翱狂晞发　嵇懒转胞

解说

翱，谢翱，南宋末人，有民族气节。南宋末年他参加文天祥领导的抗元斗争，兵败之后，藏匿于民间，只和一些诗友有往来，著有《晞发集》。

嵇，嵇康，晋人。转胞，憋尿。嵇康以放达、懒散著称，据说“头面常一月十五日不洗”，《与山巨源绝交书》记载：“每常小便，而忍不起，胞中略转，乃起耳。”

西溪晏咏　北陇孔嘲

解说

晏，晏殊，北宋词人。在海陵西溪盐场做官时，曾亲手种植一株牡丹，并题诗在石头上。后来，范仲淹在这里有酬唱之作。

南朝齐孔稚圭曾作《北山移文》，讽刺那些假隐求名的人，其中有“南岳献嘲，北陇腾笑”之句。

民皆郑字　羌愿姓包

解说

郑，郑浑，三国魏人。担任邵陵令时，课民耕桑，广开稻田。百姓感激他的政绩，所生孩子无论男女，多以“郑”为字。

羌，西北少数民族。包，包拯，立朝耿直，外族也钦佩他的这种精神。相传西羌俞龙珂归顺时，说：“我听说过忠臣包公，现在我既然归附了汉，乞赐包姓。”宋神宗于是赐他姓包。

骑鹏沈晦　射鸭孟郊

解说

沈晦，宋人，相传曾梦骑鹏而飞，醒来作了《大鹏赋》。不久，沈晦考中状元。

唐诗人孟郊任溧阳尉时，建堂名“射鸭堂”。

戴颙(yóng)鼓吹　贾岛推敲

解说

戴颙，东晋人。鼓吹，宣扬。戴颙每到春日就带两只柑一壶酒出门，别人问他去哪儿，他答道：“去听黄鹂啼唱，那是诗场宣扬，可以激发我们的诗兴呀！”

贾岛，唐朝诗人，曾骑驴自吟“僧敲月下门”，并在“推”与“敲”两字上犹豫不定。恰巧遇见韩愈，韩愈告诉他敲字最佳。这就是“推敲”一词的由来。

四豪

禹承虞舜　说相殷高

解说

上古时期，大禹因为治水有功，继承了虞舜的帝位。

说，傅说。殷高，指殷高宗武丁。相传傅说是傅岩从事版筑的奴隶。武丁做梦梦到上天将赐予良相，后来就在傅岩遇见傅说，并封他为相。

韩侯敝袴　张禄绨(tí)袍

解说

韩侯，韩昭侯，战国韩国国君，在位二十五年。相传他曾命侍从把他的破旧袴珍藏起来，侍从建议他赐人，他说：“英明的君主不苟言笑，皱眉发笑都十分慎重，这袴子又不同于皱眉微笑，更要慎重。我要把它赐给有功的人。”

张禄，范雎，战国魏人，秦相。绨，厚而光艳的丝织品。范雎一次有意穿一身破衣裳去见须贾，须贾很可怜他，就留他同坐吃酒，并送他一件绨袍。事后须贾才知范雎是秦相。后人以“绨袍”比喻不忘故旧之情。

相如题柱　韩愈焚膏

解说

相如，司马相如，成都北十里有升迁桥，司马相如题桥柱道：“不乘驷马高车，不复过此桥！”后果为中郎将，乘驷马高车出使西夷，并回乡探视。

膏，灯烛。韩愈非常勤奋好学，为了多学些知识，在日落之后点燃油灯继续学习。韩愈描写自己勤学的情景：“焚膏油继晷（日光），恒兀兀以穷年。”

捐生纪信　争死孔褒

解说

纪信，刘邦部将。项羽在荥阳围刘邦，刘邦不能脱身，纪信于是假装刘邦，吸引项羽，掩护刘邦逃走，最后纪信被项羽所杀。

孔褒，汉代人，孔融的兄长。张俭逃难到孔家，孔褒不在，其母与弟弟藏起了张俭，并且趁机帮助张俭逃走。后来事情败露，孔氏兄弟被收入狱，要一人抵罪，褒、融与其母三人争死，皇帝下诏由孔褒抵了罪。

孔璋文伯　梦得诗豪

解说

孔璋，陈琳，建安七子之一，擅长章表书记。伯，即霸。陈琳对张纮的赞美表示谦逊，称自己文章比不上王朗、张纮、张昭等，难称文霸。

唐诗人刘禹锡字梦得，白居易称他为“诗豪”。

马援矍铄　巢父清高

解说

马援，东汉将军。矍铄，老年人精神旺盛的样子。马援曾说：“丈夫为志，穷当益坚，老当益壮。”六十二岁时请缨出征五溪蛮夷，皇帝因为他年老，没有答应。马援就披挂上马，据鞍顾盼，精神抖擞，皇帝赞道：“矍铄哉，是翁也！”这才派遣马援率四万兵出征。

巢父，尧时隐士。尧想把天下让给他，他不接受。于是逃到箕山，用颍水洗耳，以此表示清高。

伯伦鸡肋　超宗凤毛

解说

伯伦，刘伶，竹林七贤之一。相传有一次他与别人争吵，那人举拳要打他，刘伶不紧不慢地说："鸡肋岂足以当尊拳。"于是那人一笑而止。

谢超宗，南朝人，好学习，有文采。凤毛，珍贵少见之人物。宋孝武帝的妃子死了，谢超宗作诔，奏之。帝大加赞赏，说："超宗殊有凤毛，灵运（谢灵运）复出。"

服虔赁作　车胤(yìn)重劳

解说

服虔，东汉人。他准备为春秋作注，听说崔烈讲《春秋》，便隐姓埋名，为崔的门生打杂。每次偷听崔烈讲课，觉得所讲不能超过自己，便与崔烈门生议论各家长短。崔烈疑心他是服虔，突然间叫他的名字，他无意中应答，两人从此结交。

车胤，晋人。晋孝武帝要讲《孝经》，谢安、谢石兄弟就与众人先在家里讨论学习。车胤提出一些疑难问题问谢氏兄弟，并对袁羊说："不问，则怕漏掉精湛的言论；问多了，又怕加重二谢的辛劳。"袁羊回答："必无此嫌。何曾见过明镜因连续照影而疲劳，清澈的流水会害怕微风？"

张仪折竹　任末燃蒿

解说

张仪未成名时曾替人抄书，每遇圣人之文，则用墨抄在手掌上、大腿上，晚上回家，再连夜折竹誊写到竹片上，久而久之，积累成书。

任末，宋人，年少时好学，曾依林木之下编茅为屋，削荆为笔，晚上则借星月的光芒，没有星月时则燃蒿草照明。每每有了收获，就写在衣服上或手掌上。门生仰慕他勤学，常以干净的衣服换他写有文字的衣服。

贺循冰玉　公瑾醇醪(láo)

解说

贺循，晋人，气质高洁，晋元帝诏奖他说：“循冰清玉洁。”

公瑾，周公瑾，即三国吴将周瑜。醪，酒。程普曾因为年老而凌侮周瑜，周瑜终不计较，程大受感动，对人说：“与公瑾交，若饮醇醪，不觉自醉。”

庞公休畅　刘子高操

解说

庞公，庞德公，东汉人。庞公与司马徽是朋友，二人隔河而居：“望衡对宇，欢情自接，泛舟褰裳，率尔休畅。”他们关系十分融洽欢畅。

刘子，刘讦，南朝人，风神颖峻，意气弥远，人人都认为他是神仙。刘孝标称其“超然越俗，如天半朱霞”。

季札挂剑　吕虔赠刀

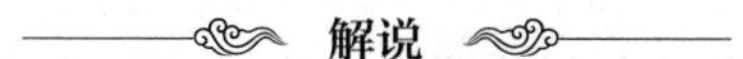

解说

季札，春秋吴公子。他出使鲁国时途经徐国，徐君很喜爱他的佩剑，季札看出来了，但因公务在身，当时没有送给徐君。季札从鲁国回来，徐君已经死了，季札于是把剑挂在徐君墓前的树上。

吕虔，三国魏人。曾有人说他的佩刀只有位至三公的人才可佩带，吕虔就把刀赠给王祥，说：“你有辅公的才能，以此刀相赠。”王祥临终时又把此刀赠给弟弟王览。

来护卓荦(luò)　梁竦(sǒng)矜高

解说

来护，来护儿，隋朝大臣。卓荦，卓越出众。来护儿年轻时就很出众，一次读到《诗经》“击鼓其镗，踊跃用兵”“羔裘豹饰，孔武有力”时，弃书叹道：“大丈夫生当如此，为国灭贼以取功名，安能久事陇亩！”

梁竦，东汉人，负才而不得志。一次登高远眺，叹息道："大丈夫居世，生当封侯，死当庙食。如其不然，闲居可以养志，诗书足以自娱，州郡之职，徒劳人耳。"多次授官，不去上任。

壮心处仲　操行陈陶

解说

处仲，王敦，晋人，每次酒后就以如意敲击唾壶，咏曹操诗："老骥伏枥，志在千里；烈士暮年，壮心不已。"以抒其壮志。

陈陶，唐人，隐居在洪州西山。成通时，严守节度豫章，让小妓莲花往西山侍奉陈，陈拒绝。莲花赋诗道："莲花为号玉为腮，珍重尚书遣妾来。处士不生巫峡梦，虚劳神女下阳台。"陈也赋诗为答："近来诗思清于月，老大心情薄似云。已向升天得门户，锦衾深愧卓文君。"

子荆爽迈　孝伯清操

解说

子荆，孙楚，晋人，才藻卓绝，爽迈不群。少时与王济说话，错把"漱流枕石"说成"漱石枕流"，王济说："流可作枕，石可漱口吗？"孙楚机敏地答道："枕流是要洗耳，漱石是为了磨磨牙齿呀！"

孝伯，王恭，晋人，姿容俊美，清操高迈。有人见到他说："濯濯如春月柳。"王恭曾披鹤氅行走在雪中，孟昶见了赞道："真神仙中人！"

李汀六逸　石与三豪

解说

李，李白，居任城时，与孔巢父等六人居徂徕山下，纵酒酣饮，号"竹溪六逸"。

石，石介，宋人，曾作《三豪诗》说："曼卿（石曼卿）豪于诗，永叔（欧阳修）豪于文，杜默师豪于歌。"

郑弘还箭　元性成刀

解说

郑弘，东汉人。曾在白鹤山打柴，拾得一箭，一会儿，有人来寻，郑就还给他了。那人是神仙，问郑有什么要求，郑说："愿早上南风，傍晚北风，助我行船。"后若耶溪中果然有此风，人称"郑公风"。

元性，蒲元性，三国蜀人。为诸葛亮铸刀三千把，刀铸成后，说汉水的水质钝弱，不能淬火，蜀江水爽烈，适合铸刀。于是命人去成都取蜀江水，回来时，蒲元性说："此水杂有涪水，不可用。"取水者坚言不杂。蒲元性就用刀画水说："有杂水八升。"取水者才承认："在涪水渡口，不小心把水洒了一些，于是掺入八升涪水。"蒲元性所制刀锋利无比，人称"神刀"。

刘殷七业　何点三高

解说

刘殷有七个儿子，五子授“五经”，一子授《史记》，一子授《汉书》，七业具备。

何点，南朝宋人，与兄何求、弟何胤都归隐不做官，世称“何氏三高。”

二使入蜀　五老游河

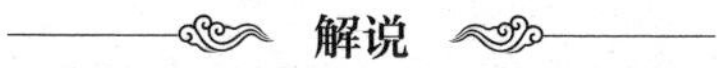

汉和帝即位后，遣使者去各州微服巡察，二使去益州。李郃仰观天象，就问二人：“二君从京师来，可知朝廷派二使来益州吗？”二使者惊奇地问：“你怎么知道？”李郃指着天上星说：“有二使星向益州方向移动，所以知道。”

五老，传说中的五星之精。一日，尧领舜等登首山，游河渚，见五个老人在河中游戏，此即五星之精。

孙登坐啸　谭峭行歌

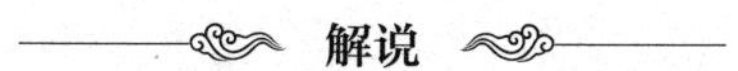

孙登，三国魏人，隐居在苏门山。与阮籍相遇而不说

话，阮籍离去，到半山时，突然听到像鸾凤的声音在谷中传响，这正是孙登的啸声。

谭峭，唐人，喜好黄老之术，曾隐在嵩山、衡山，后进青城山成仙。他曾行吟作歌说："线作长江扇作天，靸鞋抛向海东边。蓬莱信道无多路，只在谭生拄杖前。"

汉王封齿　齐王烹阿

解说

汉王，刘邦。齿，雍齿，曾叛刘邦。汉王六年，刘邦大封功臣，一些尚未被封的将领议论不已。刘邦问张良："他们在说什么？"张良说："在谋反。"刘邦问原因，张良说："你封的尽是亲近的人，杀的尽是你所怨恨的人。那些气愤不被封和担心被杀的人只有谋反。"刘邦问计谋，张良说："你最恨的是雍齿，只要现在封赏他，人心就安定了。"于是刘邦封雍齿为什方侯，至此人人安心。

齐王，齐威王。阿，阿城大夫。齐王听到许多关于即墨大夫的流言，派人调查，发现即墨治理得很好。原来是因为即墨大夫不曾巴结齐王左右，因而被人毁谤，于是，齐王封赏即墨大夫食邑一万家。而阿城大夫只知巴结，政事废弛，威王就烹杀阿城大夫。齐国因而繁荣，无人再敢文过饰非。

丁兰刻木　王质烂柯

解说

丁兰，东汉人，小时就失去了双亲，于是用木头雕刻出父母的形象，供在家中堂上敬奉，俨然如一对活着的父母。一次，邻人张叔妻来丁家借东西，丁妻扣问木像，木像不高兴，就没有借。张叔不满，借酒醉骂木像，并以杖击木像头。丁兰知道了，就杀了张叔。郡吏来拘捕丁兰时，木像为之流泪。

王质，晋人，入石室山打柴，见几个童子一边下棋一边唱歌。王质便放下柴斧，站下来观棋听歌。一童子给他一枚似枣核的东西含进嘴里，他便不觉得饿了。过了一会儿，童子对他说：“为什么还不离去？”王质回头一看，斧柄已全烂了。原来他离家已经数十年。后以“烂柯”喻时间流逝，世事变迁。

霍光忠厚　黄霸宽和

解说

霍光，汉大臣，为人沉静详慎，二十年没有犯过错，因此深得武帝信任，托孤辅佐昭帝。

黄霸，西汉人，为人明察内敏，温良谦让。为政用宽和之策，力行教化而后诛罚，深得民心，后为相。

桓谭非谶（chèn）　王商止讹

解说

桓谭，东汉人，主张形毁神灭，反对当时流行的谶纬神学，曾因此触怒皇帝，差点儿招来杀身之祸。

王商，汉代人。建始三年秋，关内下了四十余日大雨，京师谣传大水将到，城中大乱。廷议让百姓上城墙以避水患。而王商认为所谓的大水将到是谣言。不久，城中安定下来，果然是谣言。

隐翁龚胜　刺客荆轲

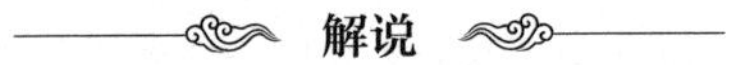

解说

龚胜，汉代人，为汉光禄大夫，王莽秉政后辞归故里，号隐翁，不受征召，绝食十四日而死。

荆轲，战国侠士，为燕太子丹遣去刺杀秦王，没有成功，结果惨遭杀害。

老人结草　饿夫倒戈

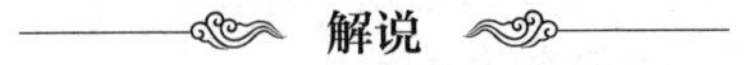

解说

春秋晋魏武子临死前，命儿子魏颗让婢妾殉葬。魏颗认为父亲死前已糊涂，于是把那个婢妾嫁给别人。后来，魏颗与秦将杜回打仗，见有位老人把草拧在一起，绊倒杜回，使魏军生擒杜回。当晚魏颗梦见老人对他说："我是你所救的那个婢妾的父亲。"后人以"结草"为报恩的典故。

晋灵公厌烦赵盾多次直谏，就派卫士刺杀赵盾。卫士中一个叫灵辄的却突然倒过来护着赵盾，使其幸免于难。原来，赵盾以前见过灵辄，那时见他饿得厉害，便送食物给他吃，并另外准备一份食物让他带回去孝敬母亲。灵辄救出赵盾后，赵盾问他的姓名，他回答说："我就是原先受了你恩惠的那个饥饿的人。"

奕宽李讷　碑赚孙何

解说

李讷，唐人。奕，同"弈"，围棋。李性情急躁，但一下棋便心平气和。家人每次见他急躁发火，便把棋具摆在他面前，他就火气顿消，高高兴兴下起棋来。

孙何，宋人，好古文，对碑刻很感兴趣。赚，骗。孙何任转运使时，为政苛急，属下都惧怕他，便想了一个办法，故意搜集一些字迹模糊的古碑字帖钉在墙上。孙何一到，便站在墙下读碑文，辨识文字，也就不再责备属下了。

子猷啸咏　斯立吟哦

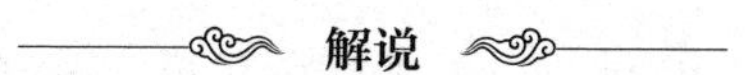

解说

王徽之，字子猷，生性卓而不羁，爱竹。曾住在朴素的空宅中，令人种竹。人问原因，他啸咏不答，后来指竹说：“怎可一日无竹？”有一次，他去拜访客人，其人家中有好竹，便坐车去观赏，在竹下啸咏良久，连主人家的宴请都不加理睬了。

斯立，崔立之，唐人，为蓝田丞，邑庭有四行老槐，南墙有千棵巨竹，屹然挺立相对。崔每天吟咏二树间，有人来问他，他说：“我正有公事，请你先离开一下。”后世以“哦松”称县丞。

奕世貂珥　闾里鸣珂

解说

奕世，累世。貂珥，插在帽檐上的貂尾。西汉武帝时，匈奴休屠五太子归附于汉，赐姓金，其家自此以后七代为内侍，非常显赫，人称“奕世貂珥”。

鸣珂，马身上的佩玉。唐张嘉贞、张嘉佑兄弟都是朝中大臣，二人上朝，车马侍从前导后拥，充塞里巷，时号所居坊为“鸣珂里”。

昙辍丝竹　裒(póu)废蓼(lù)莪(é)

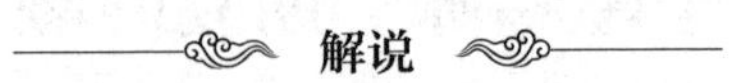

解说

昙，羊昙，东晋人，是谢安的外甥。丝竹，指音乐。羊昙年少得到谢安钟爱，谢安死后，羊昙极为悲痛，一年不听音乐，走路也避着谢安的家门。一次酒醉，一路唱歌，不知不觉地走到谢家门口，他以鞭叩扉，诵曹植诗："生存华屋处，零落归山丘。"后恸哭而去。

裒，王裒，晋人。蓼莪，《诗经》篇名，后指对亡亲的悼念。王父因直言被晋文帝所杀，王裒哀痛父死，未尝西向而坐，以表示不臣服于晋的决心。后来他隐居时读《诗经》，每当读到《蓼莪》中"哀哀父母，生我劬劳"时，痛哭流涕，门人于是废此篇不学，以免触动他的悲思。

箕陈五福　华祝三多

解说

箕，箕子，商贤者，在洪范九畴中提出五福的说法，即寿、富、康宁、攸好德、考终命。

华，今陕西华县。尧观游华地时，其封人对尧说："请为您祝福，祝有三多：圣人多寿、圣人多富、圣人多男子。"旧时以"华封三祝"为祝颂之词。

六 麻

万石秦氏　三戟崔家

解说

秦氏，指东汉秦彭家，曾任颍川太守，其家自汉兴后，世代相承，诸子侄辈五人同时有俸禄各两千石，故称为“万石秦氏”。

戟，指官员出行时用作前导的仪仗。唐崔琳家多为显贵，琳为中书舍人，又升为太子少保；弟崔珪为太子詹事；弟崔瑶为光禄卿，世号“三戟崔家”。

退之驱鳄　叔敖埋蛇

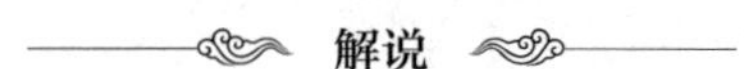

解说

韩愈，字退之。韩愈任潮州刺史时，潮州恶溪以鳄鱼为患。韩愈为解决鳄患，亲自去江边设坛祭鳄。当晚，见暴风雷电起自恶溪，数日后溪水干涸，潮州自此再无鳄患。

叔敖，春秋楚相。小时候出游，他看见两头蛇，就杀掉蛇并埋了。回家后便整日悲哭，母问缘故，叔敖说：“听说看见两头蛇的人必死，今天我看见了，恐怕要离母而去了。”母亲又问：“现在蛇在哪里？”他答：“怕别人再看见，我把它杀掉埋起来了。”母亲安慰道：“有阴德的人，上天会赐福于他，你这样做正是积了阴德，不会死。”叔敖果然未死。

虞诩易服　道济量沙

解说

虞诩，东汉人，有将帅才，任武都太守时有羌兵犯境，一万多羌兵围赤亭。虞诩兵将不足三千，为迷惑羌人，虞诩令所部从东门出，从北门入，并多次改换服装。羌人不知敌人有多少兵将，于是撤退了。

道济，檀道济，南朝宋将。元嘉八年檀北伐，到历城时粮尽南撤。有一小兵投降了魏，向魏说出宋军绝粮，魏军于是追赶，宋军将要被击溃。檀就在夜晚量沙，把仅有的余粮撒在沙上。天明时，魏军见宋军粮食有多余的，就杀了投降的小兵，说他谎报了军情。檀道济的军队得以全身而退。

伋辞馈肉　琼却饷瓜

解说

伋，孔伋，家很贫穷，朋友送米给他，他收了二车。有人送他酒肉，他谢绝了。于是有人说他贪多嫌少，他答：“我不幸居贫，怕断绝了先人的享祀。受米是缓解这种忧虑，酒肉却是用来享乐的，正居于贫困而贪求享乐，是不义的啊！”

琼，苏琼，北齐人，为官廉正。郡人赵颖八十多岁了，佩服苏琼的为人，便亲自送了两颗新瓜给他。苏琼碍其年高情重，便收了下来，但一直挂在厅堂梁下。有人听说苏琼受瓜，便也想上门送礼，到其门一问，了解到那两颗瓜仍挂在厅梁上，都不好意思再送礼了。

祭遵俎豆　柴绍琵琶

解说

祭遵，东汉将领，为人清廉恭俭，克己奉公。每有赏赐，他从不私留，都分给部下。他崇信儒术，虽在军旅，从不忘俎豆祭祀之礼。其死后，光武帝曾叹息道：“安得忧国奉公之臣如祭征虏（遵）者乎！”

柴绍，唐将。和妻子平阳公主拒吐谷浑、党项犯边。敌军居高临下，万箭齐发，唐军混乱。而柴绍稳坐军中，命人弹琵琶，二女子舞蹈。敌迷惑，乃停射观看。柴绍乘机挥兵掩杀，斩首五百，大败敌军。

法常评酒　鸿渐论茶

解说

法常，宋僧人，嗜酒，喝醉了就熟睡不醒，醒来就大声吟道：“优游曲世界，烂漫枕神仙。”曾对人说：“酒天虚无，酒地绵邈，酒国安恬，无君臣贵贱之拘束，无财利之图，无刑罚之避，陶陶焉，荡荡焉，乐其可得而量也。”

鸿渐，陆羽，唐人，著有《茶经》，论茶之功效以及煎煮之法，被人奉为“茶神”。

陶怡松菊　田乐烟霞

解说

陶渊明，性爱菊。他辞去彭泽县令，高歌《归去来兮辞》，其中有“三径就荒，松菊犹存”之句。

田游岩，唐人，隐居箕山。唐高宗亲至其门，问：“先生身体可好？”回答：“臣所谓‘泉石膏肓，烟霞痼疾’者。”可见其酷爱泉石烟霞。

孟[illegible]py九穗　郑珏一麻

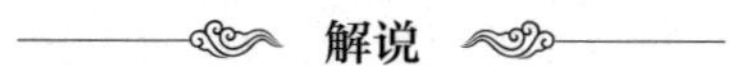

解说

孟[illegible]py，北齐人，为政清廉宽惠，任东郡太守时，麦子有一茎三穗、四穗、五穗的，甚至有九穗之多，人们都以为这是他广施恩德所致。

郑珏，后唐人。与李愚同为学士。一天郑珏屋下长出一棵麻，李愚认为这是郑珏要出任宰相的征兆。因当时拜相时诏书要用白麻纸书写，过了一段时间郑珏果然被任为宰相。

颜回练马　乐广杯蛇

解说

颜回，孔子弟子。练，白绢。孔子见阊门外有一匹白马，便让颜回看，问："你看见阊门了吧？"颜回答："看见了。有个白绢样的东西。"孔子说那是一匹白马，颜回又仔细看了一下果然是匹白马。

乐广，晋人。他有一个朋友许久未来，乐广问原因，那人说："上一次在你那儿喝酒，见杯子里有一条蛇，后来就病了。"乐广便又一次在先前的地方设酒，问："酒中还有些什么吗？"朋友说："又有一条蛇。"于是，乐广告诉他，杯中的蛇其实是墙上挂着的弓在酒里的投影。朋友恍然大悟，病一下子好了。这就是"杯弓蛇影"的来历。

罗珦(xiàng)持节　王播笼纱

解说

罗珦，唐人，为官清廉，坚持操守，以治行闻名，修官学，施教化，颇有政绩。

王播，唐人。贫贱时曾居扬州惠昭寺木兰院，随人吃饭。后来僧人都厌烦他，就提前开饭，王播来时，饭已开过了。他显贵后，重游故地，发现以前自己的题诗都被僧人恭敬地用碧纱罩上了。他感慨万千，又题二绝句于壁，一首说："二十年前此院游，木兰花发院新修。而今再到经行处，树老无花僧白头。"一首说："上堂已了各西东，惭愧阇黎（高僧）饭后钟。二十年来尘扑面，如今始得碧纱笼。"

能言李泌　敢谏香车

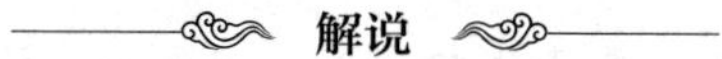
解说

安史之乱后期，广平王收复两京，让李泌入朝报捷。因广平王立大功，为皇后所妒忌。李泌乃借高宗的事，谏诫肃宗不能听信谗言。广平王因而平安。

香车，战国时期齐国大夫。齐王建大堂，百亩之广，堂上有屋三百间，三年还没建成，无人敢谏。香车于是仗义谏言。齐王接受了他的进谏，放弃了继续修宫室的念头。

韩愈辟佛　傅奕除邪

解说

唐宪宗崇佛，曾遣使去凤翔迎佛骨，韩愈上表谏止，劝宪宗把佛骨付之水火，永绝根本。因此触怒宪宗，被贬潮州。

傅奕，唐人，极力反对佛教，斥其无补于百姓而有害于国家。曾有一胡僧能以咒术令人死生，太宗问傅，傅说："此邪法也。臣听说邪不犯正，若使咒臣，必不得行。"太宗召僧咒傅，果然傅一如平常，而僧倒地自绝。

舂藏足垢　邕嗜疮痂

解说

舂，阴子舂，南朝梁人。平日懒于修饰，衣物数年不洗，而脚也是长久不洗，以为洗则失财败事。

邕，刘邕，南朝宋人，喜食疮痂。一次到孟灵休家去，孟灵休正患炙疮，疮痂落在床上，刘邕一一捡起吃掉，孟灵休大惊，就把未脱落的疮痂一片片揭下给刘吃。后来孟写信给何勋："刘邕不久前来看我，把我吃得遍体流血。"

薛笺成彩　江笔生花

解说

薛，薛涛，唐歌妓，居住在西川百花潭，常写小诗，因爱惜纸，就令匠人制彩色小笺，时称"薛涛笺"。

江，江淹，南朝齐梁间人，善写文章，有《别赋》《恨赋》等。后来梦见郭璞说："我有笔在你处多年，可以归还了。"江淹从怀中取出一支五色彩笔还给了郭，从此再也写不出好诗文了。成语"江郎才尽"即说此。

班昭汉史　蔡琰胡笳

解说

班昭，东汉人。兄长班固编写《汉书》，八表与《天文志》没有完成就去世了，由班昭续成。

蔡琰，蔡文姬，东汉人，因战乱而流落匈奴，十二年后被曹操赎回。《胡笳十八拍》相传为她所作。

凤凰律吕　鹦鹉琵琶

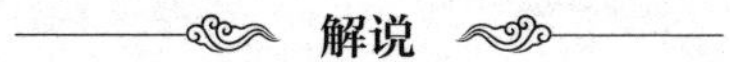

解说

律吕，乐律的总称。黄帝令乐官伶伦去昆仑采竹，截为长短二管吹之，为黄钟之音；制十二支管模拟凤凰鸣声，雄鸣谓六律，雌鸣为六吕，合为律本。

宋代蔡确贬新州时，只带一名叫琵琶的妾，又养了一只鹦鹉。他要召唤琵琶时，敲一小钟，鹦鹉便能应声传呼琵琶。后来琵琶死了，他不再击钟。有一次误击小钟，鹦鹉遂呼琵琶，蔡确十分感伤，赋诗道：“鹦鹉声犹在，琵琶事已非。伤心江汉水，同去不同归。”

渡传桃叶　村名杏花

解说

桃叶，王献之的爱妾。王献之曾在渡口唱歌送她，歌道："桃叶复桃叶，渡江不用楫。但渡无所苦，我自迎汝。"后命名此渡为桃叶渡。

唐诗人杜牧《清明》："借问酒家何处有？牧童遥指杏花村。"后以"杏花村"泛指卖酒处。

七阳

君起盘古　人使亚当

解说

传说盘古化开混沌，开天辟地，头为山岳，眼为日月，膏为江海，毛发为草木。

上帝用泥造亚当，用亚当的肋骨造夏娃，两人生活在伊甸园中，结为夫妻，为人类始祖。

唐宗花萼(è)　灵运池塘

解说

开元二年，唐玄宗把旧邸赐给薛王，申、岐二王也居住在宫侧。唐玄宗还在西、南分别建“花萼相辉之楼”“勤政务本之楼”，时时与诸王共乐。后常以“花萼”喻兄弟手足之情。

灵运，谢灵运，南朝宋诗人，《登池上楼》有“池塘生春草，园柳变鸣禽”句，传诵极广。

神威翼德　义勇云长

翼德，张飞。曹操进入荆州，刘备逃往江南，张飞率二十骑殿后，据水断桥，瞋目横矛大叫：“我是燕人张翼德，可来决一死战！”曹军没有谁敢上前，号称“万人敌”。

云长，关羽。与刘备、张飞桃园三结义，不受曹操招降，千里走单骑，过五关斩六将，后人一直把关羽作为“义”的典型。

羿雄射日　衍愤飞霜

后羿，神话中的英雄，善于射箭。尧时，有十个太阳一起出来，人们无法生活，羿便射掉九个太阳，只留下一个太阳，由此天下安然。

衍，邹衍，战国齐人。在燕时曾蒙冤下狱，就在狱中哭泣，时值炎夏，天却突然为之降霜。

王祥求鲤　叔向埋羊

解说

王祥，晋人，至孝。后母常想加害他，他却不改恭敬。有一年冬天，后母想吃鲜鱼，王祥于是脱下厚重的衣服，卧在冰上以求冰融，一会儿冰开，有一对鲤鱼跃出。

叔向，春秋晋人。有人偷了羊，把羊头送到叔向家。叔向母亲不吃这个羊头，让叔向把羊头埋掉。三年后，偷羊事发，牵连到叔向家，捕吏追问，叔向就把羊头挖了出来，骨肉都已腐烂，只剩下一条羊舌。国人异之，叔向得以清白。

亮方管乐　勒比高光

解说

亮，诸葛亮。管，管仲。乐，乐毅，战国燕名将。方，比。诸葛隐居隆中时，好为《梁父吟》，常自比于管仲、乐毅。

勒，石勒，后赵皇帝。高，汉高祖刘邦。光，光武帝刘秀。石勒曾在群臣宴上道："人岂不自知？卿言太过。我如遇高皇，当北面而事之，但可与韩信、彭越一争高下；我如遇光武，当和他逐鹿中原，而胜负难料。大丈夫行事，当磊磊落落，如日月光明，却不能像曹操、司马昭之类欺人孤儿寡母，狐媚以取天下。我在二刘之间，怎敢比拟轩辕！"

世南书监　晁错智囊

解说

世南，虞世南，唐人，工于书法，善诗能文，为弘文馆学士、秘书监。曾受命写《列女传》在屏风上，没有原书，就默记而写，无一字差错。太宗称他有五绝：德行、忠直、博学、文辞、书翰。

晁错，西汉人，景帝时官至御史大夫，是朝廷重要谋臣，号称“智囊”。晁错主张贵粟重农，加强中央集权，加强边备。

昌囚羑里　收遁首阳

解说

昌，周文王姬昌。羑里，地名。文王有贤名，但遭人陷害，被纣王囚于羑里。相传他于此推演八卦为六十四卦，世称《周易》。

收，薛收，唐人。其父薛道衡为隋炀帝冤杀，他不肯为隋官吏，隐居在首阳山。秦王李世民任命他为主簿。

轼攻正叔　浚沮李纲

轼，苏轼。正叔，程颐，宋理学家。苏轼以为程颐持己

过庄，不近人情，经常嘲笑或侮辱他，曾与顾临等弹劾他，致使程颐被贬出京城。

浚，张浚。李纲，宋相。沮，败坏。张浚为御史时，曾弹劾李纲以私意杀侍从，并有招兵买马之嫌。

降金刘豫　顺卤邦昌

解说

刘豫，宋人，任济南知府时，杀害抗金将领关胜，投降金人，建伪大齐国，成为金人扶持的傀儡。后被金废掉，迁居临潢，不久死去。

邦昌，即张邦昌，北宋末年人。卤，虏。金兵攻克汴京之后，张邦昌降金，被册立为伪大楚皇帝。宋高宗继位后，将他赐死。

瑜烧赤壁　轼谪黄冈

解说

瑜，周瑜。建安十三年，孙权、刘备联军在赤壁抗曹操，周瑜采纳部将黄盖的火攻计，大破操军，三足鼎立之势形成。

轼，苏轼，因“乌台诗案”被贬黄州任团练副使。苏在此写有《前赤壁赋》《后赤壁赋》等作品。

马融绛帐　李贺锦囊

解说

马融，东汉人，才高博学，生性放达，不拘小节。高堂上挂着深红色的帷帐，马融在帐前教授学生，而帐后则在载歌载舞。他有弟子上千，著名者如卢植、郑玄等。

李贺，唐代著名诗人。每次出游，常带一小童，骑一驴，背一锦囊，每得好句，立即并写下投入囊中，回家后，再续写成篇。其母在他回家时，就取其囊，见写得很多，叹道："这个儿子是要呕出心来才肯罢休啊！"

昙迁营葬　脂习临丧

解说

昙迁，南朝宋人，与范晔关系很好。范晔犯案被杀，知心朋友没有谁敢去吊丧，昙迁没有顾忌这些，全力营葬了范晔。孝武帝听说后对徐爰说："你写《宋书》，一定要把此事载入啊！"

脂习，东汉人，与孔融友善。孔融为曹操所杀，没有人敢去收尸，唯独脂习前去，抚尸痛哭，说："文举（孔融）舍我死，我还活着干什么？"曹操被他待友的真诚感动，便不曾加害他。

仁裕诗窖　刘式墨庄

解说

仁裕，王仁裕，五代后蜀人。曾梦神人以西江水洗涤自己的肠胃，从此文思汹涌，作诗万首，时人呼为“诗窖子”。

刘式，宋人，藏书很多。死后，他的妻子对几个儿子说：“你们父亲秉性清洁，别无积蓄，千卷书留给你们，叫作‘墨庄’，望你们发愤读书。”后来，刘氏的子孙都学有所成。

刘琨啸月　伯奇履霜

解说

刘琨，晋人，有大志，负纵横之才。他为并州刺史时，一次转战至晋阳，被敌人所围，窘迫无计，于是趁着晚上登楼清啸。敌骑听了，都凄然长叹。半夜，又奏胡笳，敌骑更起思乡之情，于是弃围而去。

伯奇，周代尹吉甫之子，为后母谗害，被逐出家门，作《履霜操》而歌。后化为伯劳鸟。

塞翁失马　臧谷亡羊

解说

这是出自《淮南子》的一个故事。塞上有一老翁，他养的一匹马走失了，邻人来安慰他，他却说："这也许是件好事呢。"过了几个月，走失的马忽然带着胡人的良马回来了，邻人来恭贺他，他却说："这也许是件祸事呢。"他的儿子喜好骑马，结果把脚给摔断了。邻人又来安慰塞翁，他又说："怎知这不是一件好事呢？"一年后，胡人犯境，青壮年都被征兵入伍，十之八九战死疆场。塞翁之子因残疾不用入伍，反倒保全了性命。

臧，男仆。谷，童仆。姓臧的和姓谷的两个小孩去放羊，回来时羊都跑了。有人问姓臧的小孩怎么把羊给弄丢了呢？原来他是因为看书疏忽而丢失了羊；问另一个小孩，却是因为赌博而输掉了羊。原因不同，结果都是失去了羊。这其实有着本质上的区别，因为两个人的行动可以证明两个孩子是什么样的品性。

寇公枯竹　召伯甘棠

解说

寇公，寇准。他被降职，在去雷州的路上，经过湖北公安时，剪下一根竹子插在一座神庙的前面，并祈祷说："我如果有负于朝廷，这竹子必枯。若不负国家，此枯竹当再生。"后来那棵竹子竟然生根长叶。

召伯，周公的弟弟。有一次到乡村视察，看到一棵甘棠树，就在那棵树下判决刑狱官司和处理行政事务，使上下各级都有事可干，没有失职的人。召伯去世后，人们对那棵甘棠树非常爱护，并作了一首《甘棠》诗，用来怀念召伯。

匡衡凿壁　孙敬悬梁

解说

匡衡，西汉人，小的时候很好学，因为家里很穷，晚上读书的时候没有蜡烛，就在墙壁上凿了一个洞，借助邻居家的烛光来读书。

孙敬，汉人。平时很爱学习，夜里还要读书，他为了不让自己睡着，就用绳子把头发系到梁上，只要一打盹就会被绳子扯醒。

衣芦闵损　扇枕黄香

解说

闵损，春秋鲁人，孔子的学生，对父母很孝顺。小的时候母亲就死了，他的继母非常刻薄，给他做的棉衣里不装棉花而是装芦花。有一次闵损赶马车，天气寒冷，他冻得实在受不了，马车也失去了控制。他的父亲很生气，用鞭子抽打他，把棉衣打破了，露出了芦花。父亲摸了摸他的背，发现他穿的衣服很单薄，这才明白他的继母虐待他，便要回去休了后妻。闵损却哭着说：“继母在的时候就我一个人冷，继母要是走了，我们家所有的孩子都会缺少温暖。”不让父亲休去继母。

黄香，汉人，非常孝顺。九岁的时候失去了母亲，家里又很穷，他对待自己的父亲非常孝顺，夏天在父亲睡觉的时候扇凉风，冬天为父亲暖被子。他的知识非常广博，也会做文章，大家都说他是：“天下无双，江夏黄童。”

婴扶赵武　籍杀怀王

解说

婴，程婴，春秋晋人，赵朔家的一个门客。赵家后来被屠岸贾灭族，留下了一个婴儿赵武，被程婴和公孙杵臼救下。然后公孙杵臼用自己的孩子冒充赵武，随后被屠岸贾杀害。而程婴却带着赵武藏在深山中生活了十五年，最后杀屠岸贾，并灭其族。

籍，项羽。怀王，熊心，被尊为义帝。秦末农民战争中，项羽自立为西楚霸王，并且表面上尊称楚怀王为义帝，让他迁都长沙，暗中却命英布在郴县将楚怀王秘密杀害。

魏徵妩媚　阮籍猖狂

解说

魏徵进谏，太宗不听从时，魏徵便不搭理他。太宗说：“你先答应我，然后再进谏，有什么不可以呢？”魏徵说：“我听舜曾经说过不可以表面应从。我心知你不对，嘴上却答应着，这哪像稷、契臣事舜的样子呢？”太宗说：“别人都说魏徵懒散傲慢，我只看见他十分妩媚。”

阮籍，竹林七贤之一。生性疏狂，不拘小节，率性而为，常以清白眼视人，饮酒大醉而无所顾忌。

雕龙刘勰（xié）　愍骥（mǐn）应玚

解说

刘勰，南朝梁人。撰有《文心雕龙》，是我国第一部系统完整的文学批评著作。

应玚，三国魏人，建安七子之一。为文“和而不壮”。曾作《愍骥赋》，以良马不遇于时比喻自己。

御车泰豆　习射纪昌

解说

泰豆，古代精于赶马车的人。造父拜他为师，三年的时间，泰豆却什么也不教他。造父愈加恭敬，泰豆才告诉造父说：“古人说善制弓箭的人先学做簸箕；善冶铁的人先学做皮橐。你先看我快走，能像我一样快走，然后可以学赶车。”便立木为道，木宽只容一脚。泰豆在上面行走自如。造父学了三天，尽得其中奥妙。于是泰豆把驾车的技艺悉数教给了他。

纪昌向飞卫学射箭。飞卫说：“你先学会不眨眼的功夫，然后才能学射箭。”纪昌便回家在妻子的织机下看机梭上下运动，两年过后，即使锥子到了眼前，眼也不眨。飞卫又说："你还得练能视小为大，视微如著的功夫。"纪昌便用一根马尾拴住虱子吊在窗前，每天盯着看，三年过后，看虱子如车轮，看别的东西如小山。这时他用箭射虱，箭穿虱心而马尾不断。

异人彦博　男子天祥

解说

彦博，文彦博，宋人，经历了仁宗等四朝，任将相五十年。有一年，契丹的使者来朝，在殿门外看到文彦博仪表堂堂、精神矍铄，使者拱手说："天下异人啊！"

天祥，文天祥，南宋人，以枢密使都督诸路军马抗元，兵败被俘，不屈而死。元世祖临朝叹道："文丞相真男子，不肯归顺我朝，杀了他太可惜了！"文天祥在狱中作有《正气歌》，另有"人生自古谁无死，留取丹心照汗青"的传世名句。

忠贞古弼　奇节任棠

解说

古弼，北魏时的将领。一次，他想要进谏，皇家苑囿过大应减其半来让贫困的人使用。正好碰上太武帝与给事中刘树下棋，古弼坐在旁边等了很久，不见皇帝召问，就迅速起来，一把拉住刘树将他从坐处拖下来，并怒斥："朝廷不理，实你之罪。”太武帝非常赞赏古弼的公正刚直。

任棠，东汉人，隐居不仕。太守去拜访，任棠却不说一句话，只把一大棵薤、一盆水放在屏风前，自己抱孙儿站在门前。太守明白了：“水，是让我清廉；拔大薤，是让我抑制豪强；抱孙当窗站着，是让我开门抚恤弱小。”

何晏谈《易》　郭象注《庄》

解说

何晏通《周易》，是魏晋清谈之风的领军人物，但说话不涉及《周易》的辞义。

郭象，晋人，在向秀注《庄子》的基础上，再次为《庄子》做了注释，于是就改成自己的名字据为己有。

卧游宗子　坐隐王郎

解说

宗子，宗炳，南朝宋人，好山水，爱远游。曾西游荆巫，南登衡岳，并打算长住衡山，因病返江陵，叹道：“老病一块儿来了，名山恐难以游遍，只有澄怀观道，卧以游览了。”凡所游山水，都在家里绘出来，对人说：“弹起琴，要让众山随音乐而振响。”

王郎，晋人，好围棋，乐在其中，称“坐隐”。“坐隐”后成为下围棋的别称。

盗酒毕卓　割肉东方

解说

毕卓，晋人，放达嗜酒。一次邻家酿酒成，毕卓乘醉至邻家酒瓮下盗饮，被主人捉住。但主人见是他，又为其松绑，与之共饮酒瓮下。

东方，东方朔，西汉名臣，幽默滑稽。一次武帝赐侍从官肉，大官丞未到，东方朔就先割肉而回家了。第二天武帝让他自我检讨。他说："东方朔啊东方朔，受赐不待诏，多么无礼！拔剑割肉，多么雄壮！割肉不多，多么廉洁！回去后送给家人，多么仁义！"武帝笑道："让你自责，反倒自夸起来。"又赐酒肉让他带回。

李膺(yīng)破柱　卫瓘扶床

解说

李膺，东汉人，太学生称其为"天下楷模"，性刚直，疾恶如仇。内侍张让的弟弟张朔是野王令，贪残无道，后畏罪逃避于张让家的合柱中。李知道后，带吏卒到张让家，砸碎合柱，将张朔逮捕归案，依法处决，威震黄门长侍。

卫瓘，晋人。司马衷被立为太子时，卫瓘有异议，但一直没敢奏明。后来，武帝宴会，他佯醉跪武帝坐床前说："臣欲有所启。"武帝问他，他三次欲言又止，用手抚帝坐床，说："此座可惜！"武帝明白了，便说："你真的大醉了吗？”卫瓘就不再说话了。后卫瓘因为此事被贾后杀害。

营军细柳　校猎长杨

解说

汉文帝后元六年，周亚夫屯军细柳仓，抵御匈奴。文帝为了犒劳诸军就来到了细柳，因事先没有发出犒劳士兵的命令，被守营士卒阻挡在军营外，文帝于是派人持节传召周亚夫，兵卒才放文帝入营。进营后，文帝又被告知不可飞车驰马，须慢慢而行。后来，文帝说：“周亚夫真将军也！”

汉成帝喜欢打猎，打到的猎物都送到长杨宫射熊馆，向胡人夸耀；而农民们却食不果腹、衣不蔽体。扬雄曾作《羽猎赋》《长杨赋》讽谏汉成帝奢华、劳民伤财。

忠武具奠　德玉居丧

解说

忠武，岳飞。小时候就很有气节，力气非常大，不到二十岁就能拉开三百斤硬弓。曾拜周同为师习武。周同死后，岳飞每月初一、十五必亲备祭品，去祭奠周同，不忘教授之恩。

德玉，顾德玉，唐人，曾向俞观光学习。俞观光死，顾为其料理后事，将其葬入自己先人墓旁，每年按时祭扫。

敖曹雄异　元发疏狂

解说

敖曹，高昂，北齐人，曾说：“男儿当横行天下，自取富贵，谁能端坐读书做老博士！”其父说：“此儿不灭我族，便会光大我家。”后来他被北齐神武帝看重，任命他为西南道大都督。

元发，滕达道，宋人，曾为范仲淹馆客，出入歌楼酒馆。一天晚上，范仲淹在他房中挑灯读书，滕达道大醉而归问范仲淹读什么书，范仲淹回答是《汉书》。滕达道又问：“汉高祖是什么人？”范仲淹不再理他，起身离开了。

寇去例簿　吕置夹囊

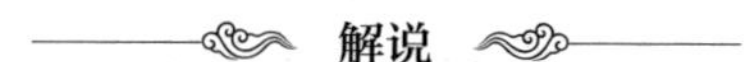

解说

例簿，记载录用官员条件、准则的册簿。寇准为相时，用人唯贤，不论资排辈，把例簿扔在一边不用，惹得一些人很不高兴。

吕，吕蒙正，宋相。常放一个册子在自己穿的衣服的口袋里，有人来求见的时候，一定会问他有什么才能，并分门别类地记录在那个册子中，当需要用人时，便按照册子上所记的人名选用。

彦升白简　元鲁青箱

解说

彦升，任昉，南朝梁人。白简，弹劾奏章为白简。任昉当官时，每次要上弹劾奏章，常使用“臣谨奉白简以闻”一句。

元鲁，王淮之，南朝宋人。他家自曾祖起，就博学多识，熟悉朝仪，世代相传，藏之于青箱，世人称为“王氏青箱学”。

孔融了了　黄宪汪汪

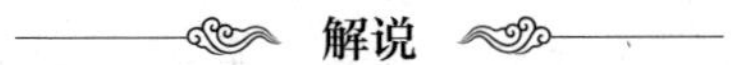

解说

孔融，东汉人，建安七子之一。了了，聪明伶俐的意思。孔融十岁的时候，拜访李元礼，说：“我是李府君的亲戚。”李元礼问：“你和我有什么亲戚关系？”孔融答：“我的先人孔子曾拜你的先人老子（李耳）为师，我们不是老世交吗？”在座的人无不惊奇。陈韪来晚了些，别人以此相告，他说：“小时了了，大未必佳。”孔融应声说：“你小时候一定是很聪明的了。”陈韪顿时哑口无言。

黄宪，东汉人。郭泰去见袁奉高，没等马车停稳就着急下车，又去拜访黄宪，与之谈一日一夜。有人问他，他答：“奉高的才量像泛滥大河，虽清澈却易把握；黄宪则如汪汪千顷波涛，想分清楚却看不清，觉得混沌却不浑浊，难以测度。”

僧岩不测　赵壹非常

解说

僧岩，赵僧岩，南朝齐人。他与刘善明是好朋友，刘善明任青州刺史时想要举荐他为秀才，可是他听说之后，拂袖而去。后落发出家当了和尚，住在山谷里，常带一壶酒。一天他对他的学生说：“我在今晚会死。”果然死在当晚。当时人们认为他能够知道人的天命。

赵壹，东汉人。一次去见羊陟，羊陟还没起身，赵壹就直接走入屋里，说：“我僻居西州，早仰慕你的高风亮节，今日得见，可你又死了，奈何！这是命啊！”说完大哭。羊陟知道他不是一般人，马上起身，与他谈话，一谈之下大为敬佩。

沈思好客　颜驷为郎

解说

沈思，宋人，能酿十八仙酒，喜接待宾客。一次有道人求饮，自午到晚喝了数斗而不醉，饮后对沈思说：“久不游吴中，你有阴德，特留诗以赠。”写诗壁上：“西邻已富犹不足，东老（沈思）虽贫乐有余。白酒酿成缘好客，黄金散尽为收书。”

颜驷，西汉人，三朝为郎，没有遇到好的时机。武帝见其长眉白发，便问：“老翁，你何时任的郎官，为什么这么老啊？”颜驷答：“文帝好文臣好武；景帝好美臣貌丑；陛下好少臣已老。是以三世不遇。”汉武帝于是任命他为都尉。

申屠松屋　魏野草堂

解说

申屠，申屠蟠，东汉人，非常孝顺。后来他隐居起来，用松树盖了房子，关起门来读书，闭门养性，不与外人来往，朝廷征召也不理，因而得以保全自身。

魏野，宋人，世代为农，不求功名利禄。居住在陕州东郊，种竹树，清泉环绕，景致幽绝。在前面盖了个草堂，在里面弹琴，自得其乐，曰乐天洞，自号草堂居士。

戴渊西洛　祖逖南塘

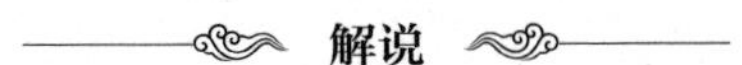

解说

戴渊，东晋人，年轻的时候是个强盗，一次要抢劫陆机，指挥手下前行退止，井然有序。陆机便说：“你有这样的才能，还要做强盗吗？”戴渊感悟，于是弃剑归顺陆机。陆机举荐他为官，后来戴渊官至西征将军。

祖逖，晋人。南渡时国家、私人都很穷困。一次王导等人去看他，见他皮袍一叠一叠的，珍宝服饰都摆得满满的，就问他，他答：“昨晚回了一趟南塘。”祖逖过惯了锦衣玉食的生活，于是在自己拮据的时候就干起了打家劫舍的勾当，可是作为宰相的王导竟然对此不闻不问，可见社会风气是多么腐败。

倾城妲己　嫁虏王嫱

解说

妲己，殷纣王喜欢的妃子，具有倾国倾城之貌。纣王沉溺于她的美色，又受她的怂恿，滥施无道，终于逼迫人们起来反抗，推翻了商朝的统治。

王嫱，王昭君。汉元帝时被选入宫，主动要求嫁给匈奴呼韩邪单于，为汉朝和匈奴之间的友好关系做出了巨大贡献，被称为宁胡阏氏。和亲期间，边境安宁。

贵妃桃髻　公主梅妆

解说

贵妃，杨玉环。在皇帝的花园里有千叶桃花，玄宗亲自折了一枝插在贵妃的头发上，说：“此花亦能助娇态。”

公主，南朝宋武帝刘裕之女寿阳公主，一天卧于含章殿下，有梅花落其额上，成五瓣花形，像是故意画的妆，衬托得公主更加妩媚。人们因此而效仿，于是将这种妆称为寿阳妆。

吉了思汉　供奉忠唐

解说

吉了，鸟名，即秦吉了，形如鹦鹉而色白。传说有夷人将它买去，秦吉了说：“我汉禽，不入夷地。”后来受到惊吓而死。

唐昭宗养了一只猴子，让它穿上了官袍，跟随朝里的大臣共同起居，取名叫供奉，常在昭宗身旁。后梁太祖朱温夺位，设宴群臣，也让供奉坐在身边，供奉到了，突然撕扯朱温的帽子和衣服。朱温非常生气，下令将它杀了。看到这件事，唐朝的旧大臣没有一个不感到惭愧的。

卷四

八庚

萧收图籍　孔惜繁缨

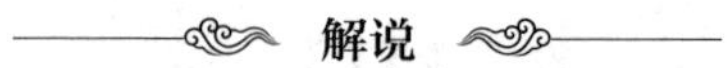

解说

萧，萧何。秦二世元年，萧何辅佐刘邦起义。攻入咸阳后，很多将领都忙着夺取府库中的财物，唯独萧何只取秦王朝的典籍文献收藏起来，以掌握全国山川险要、郡县户口及人民疾苦等社会情况。

孔，孔子。繁缨，古时天子、诸侯给马用的饰带之类。仲叔于溪曾为卫国做过贡献，卫定公想赏赐他一些地，仲叔坚持不要，而是请求赏赐一些诸侯使用过的繁缨，以朝见国君，卫公答应了。孔子听说后，十分惋惜地说：“与其饰繁缨，不如多给他些封地。名和器是不可以送人的啊！”

卞庄刺虎　李白骑鲸

解说

卞庄，春秋鲁人，好勇，想刺杀老虎。管竖子劝他：“先不要急着去。两只虎才吃了牛，吃到没有的时候肯定会相互打起来，大虎必伤，小虎必死，那时候你再去刺虎，一举可以两获。”卞庄听其劝说，果然获两虎。

李白泛舟游采石，大醉，见水中月影，狂叫着要捉它，掉进水里淹死了。后来人们根据此事说李白骑鲸上天而去。唐诗人徐仲华有诗：“舟舣江干吊谪仙，吟风弄月笑当年。骑鲸直上天门去，诗在人间月在天。”

王戎支骨　李密陈情

解说

王戎，竹林七贤之一，戴孝服丧的时候，身体瘦到了骨架要随时散落的地步，被称为“死孝”。

李密，西晋人。早年父亲死了，母亲改嫁，与祖母刘氏相依为命。晋武帝想让他当官，李密就写了一篇《陈情表》，委婉拒绝了，意思是指自己要照顾祖母，情辞恳切，非常感人。

相如完璧　廉颇负荆

解说

相如，蔺相如，战国赵人。赵得和氏璧，秦王想要，许诺用十五座城来换。赵弱秦强，赵王既不敢拒绝，又担心受骗。蔺相如便自愿承担出使任务。到了秦国后，见秦王果然没有诚意用城换璧，就说："璧上有斑点，让我指给您看。"以此取回了和氏璧。又让秦王戒斋五天准备受璧，同时暗中让随从带着璧回到了赵国，自己留下。最终，秦王对他以礼相待。"完璧归赵"一词从此而来。

廉颇，战国赵将。他不服蔺相如官位比他高，想当面羞辱蔺相如。蔺相如却总是回避他，说："个人恩怨是小事，国家危难才是大事。秦不敢对赵用兵，就是因为有我和廉将军在，我们不能自相争斗，让他们有机会攻入我们赵国。"廉颇知道后深受感动，赤背负荆登门请罪，两人从此结为至交。

从龙介子　飞雁苏卿

解说

介子，介子推，春秋晋人，曾随晋文公流亡，后来为躲避晋文公赏赐与母隐居起来。他的手下为他不平，在宫门上写："有龙矫矫，遭天谴怒。三蛇从之，一蛇割股，一蛇入国，厚蒙爵土。余有一蛇，弃于草莽。"晋文公感悟，求介子推，介子推不出来，并与母亲隐入山林。晋文公为了逼迫介子推出来，放火烧山，介子推和母亲竟抱树而死。相传寒食节就是为纪念他而沿袭下来的风俗。

苏卿，苏武。他被关押在匈奴十九年没有变心。汉昭帝遣使到匈奴，来使对单于说："天子射于上林苑，一雁脚上系着帛书，说苏武等人被扣押在一个大湖边。"单于感到惊恐，于是就放苏武等归汉。

忠臣洪皓　义士田横

解说

洪皓，南宋人，出使金国，金人强迫他为汉奸刘豫做事，洪皓宁死不从。后来金人将他流放到冷山，他历尽万难，十五年后才得回朝。又与秦桧不合，屡遭排挤。

田横，西汉初年人，楚汉战争中，曾自立为王。后来为了逃避刘邦的追杀，与部下五百人驻东海一岛上。刘邦派人去召他，田横来到离洛阳三十里时，因不愿朝见刘邦，自刎而死，五百部下听说田横已死，也都自刎而死。人们都认为他们是义士。

李平鳞甲　荀变干城

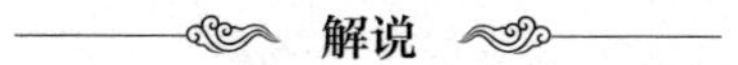

解说

李平，三国蜀汉人。诸葛亮出祁山，李平负责运送粮草，因下大雨，粮食运不上去，李平便派人叫诸葛退军。等诸葛军退去之后，李平又向后主进谗言诬陷诸葛亮。诸葛亮于是将事情的前因后果向后主说明，这才真相大白，于是李平被降为平民。当时有乡谚说：“难可狎，李鳞甲。”鳞甲，说李平工于心计，以私废公。

苟变，战国卫人。干城，指盾和城郭，比喻御敌立功的将领。子思向卫君推荐苟变，认为他是将才。卫君因为苟变随便吃了人家两个鸡蛋便弃之不用。子思说：“当此列国纷争之际，正需重用人才。用人要看到他的长处，不能光看他的短处。您处于战国这种形势下，选择可用之士是非常必要的，怎能因为两个鸡蛋而放弃干城之将？”卫君被说服了。

景文饮鸩(zhèn)　茅焦伏烹

解说

景文，王彧，南朝宋大臣。鸩，毒酒。宋明帝担心王彧在自己死后会不忠，便下令将他赐死，并派人当夜将毒酒送到王彧的面前。这时王彧正与人下棋，当他看完敕令后，仍平静地下棋。棋局结束后，收好棋子，王彧平缓地对朋友说：“明帝已赐我死。”后仰头将毒酒一饮而尽。

茅焦，秦人。秦始皇杀了吕不韦等人，后又幽禁太后，进谏而被杀者共二十七人，无人再敢进谏。茅焦进谏，秦始皇非常生气，想要将他烹了。茅焦一点儿也不害怕，说：“天下刚统一，陛下您就用车撕裂了假父，关了两个弟弟，把母亲流放在雍，残杀敢于进谏的忠臣，桀纣也不过如此，天下没有人再拥护您了。”说完从容地解开衣服，准备接受酷刑。秦始皇感悟，亲自扶起茅焦，封为上卿；又亲驾接回母亲，和好如初。

许丞耳重　丁掾（yuàn）目盲

解说

许丞，西汉人，任下层官吏，年迈多病且耳聋（耳聋又称重听），有人想辞退他。太守黄霸说：“许丞是一个清廉的官吏，虽然老了，但还能做公务，耳聋有什么妨碍？只要好好协助他，仍不失为一个称职的官。”

丁，丁仪，三国魏人。曹操欣赏他的才华，打算把女儿嫁给他。曹丕说：“丁仪瞎了一只眼。”曹操多次与丁仪交谈，认为他是一个不同寻常的人。后丁仪任为掾（官名），曹操对其学识、才华愈加惊奇。所以责备曹丕道：“丁仪即使两眼都瞎了，我也应该把女儿嫁给他。”

佣书德润　卖卜君平

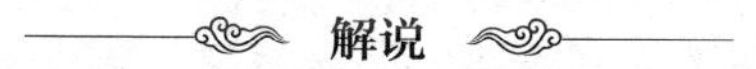

解说

阚泽，字德润，三国吴人，从小就爱学习，家里比较穷，常为人抄书。每次抄完，就能诵读，博览群书，并通历数。后来成了太子老师。

君平，严遵，西汉人，曾经在成都以占卜为生，每天收入百钱。后来开始研读《老子》，著有《老子指归》。

马当王勃　牛渚(zhǔ)袁宏

解说

王勃，唐诗人，“初唐四杰”之一。王勃去江南探望父亲时路过马当山，夜里做梦，梦见水神说：“助你一帆风顺。”第二天早上就行七百里到了南昌，正赶上九月九日滕王阁盛宴，王就在宴会上飞笔作了《滕王阁序》，震惊四座。

袁宏，东晋人，小时候家贫，以运租为生。一天到了一个渡口，正值中秋之夜，于是吟自己所作的《咏史诗》，恰巧被西征将军谢尚听到，便派人前来询问，又让他到船上谈论直至通宵达旦，谢尚很赏识他。从此，袁宏的名气一天比一天大。

谭天邹衍　稽古桓荣

解说

谭，通“谈”。相传燕多谷地，气候寒冷，农作物难以生长。邹衍为其吹奏律吕乐曲，气候变暖，庄稼得以生长。邹衍喜欢谈论天事，并创立了五德终始之说，被称为“谈天衍”。

桓荣，东汉人。稽，考察。桓与人辩论问题的时候，总以礼让相服，从不以言辞巧辩取胜。曾把皇帝所赐车马印绶陈列出来，对众人说：“这一切收获，都依赖于考察古籍的功力。”

岐曾贩饼　平得分羹(gēng)

解说

岐，赵岐，东汉人。他因为多次贬损京兆尹，而被京兆尹追杀，只好隐姓埋名，在集市上卖烧饼。

平，郑平，庸人，李林甫女婿。李林甫见其须发皆白，便说：“明天皇上要赐我甘露羹，你吃了白发会变黑。”第二天，李林甫就把皇帝赐的羹汤分给郑平吃了一些。过了一晚，郑的白发全变黑了。

卧床逸少　升座延明

解说

逸少，王羲之。郗鉴派人到王导家选女婿。王导对来人说：“你到东厢房中去随便挑选吧。”媒人回去后对郗鉴说：“王家诸公子都不错，但一听说上门挑女婿，都很拘谨；只有一个袒着肚子躺在东床上，像没有事一样。”郗鉴说：“这正是我要挑的女婿呀。”一打听，此人正是王羲之。

延明，刘昞，后魏人，郭瑀是他的老师。郭瑀想在弟子中择婿，特设一席，说：“我有一女，想找一个称心如意的女婿，谁坐此席，我就把女儿嫁给他。”话刚说完，刘昞立即起来上座，郭瑀就将女儿嫁给了他。

王勃心织　贾逵舌耕

解说

相传王勃六岁能文，九岁见颜师古注《汉书》就能指出其不足之处。人们纷纷请王勃写文章，他以此积累了不少财富，时人谓之“心织笔耕”。

贾逵，东汉人，以教授为业，想跟随他的学生不远千里而来，收到的谷子都装满了仓库。时人说：“这些谷子，贾逵不是通过体力耕地所得，而是诵经不倦，通过舌耕所得。”

悬河郭子　缓颊郦生

解说

郭子，郭象，口才很好。王衍称他：“每听象语，如悬河泻之，久而不竭。”

郦生，郦食其，汉人，常为说客。曾替刘邦去劝降魏豹，没有成功。缓颊，婉言相劝，或代人说情。

书成凤尾　画龙点睛

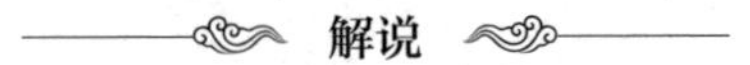

解说

凤尾，凤尾诺，文题的一种。萧锋四岁就在水井栏旁学写字，井台写满了，就洗去再写。早上起来在窗台尘面上写字，写完再擦去灰尘。五岁时学凤尾诺，一学就非常到位，皇帝非常高兴，就把玉麒麟赐给了他，说：“麒麟偿凤尾。”

南朝梁著名画家张僧繇曾于金陵安乐寺壁上画了四条龙，活灵活现，但都没画眼睛。当人们问他原因时，他说：“画上眼睛，龙就会飞去。”听到的人不信，请他试试。张便提笔给龙画眼，刚画完第二条龙的眼睛，忽然电闪雷鸣，响声大作，画壁顿时破裂，两条点睛之龙已经飞去，没有点睛的两条龙仍停在壁上。

功臣图阁　学士登瀛（yíng）

解说

唐贞观十七年，太宗命令画家阎立本在凌烟阁上绘开国二十四功臣的画像。

登瀛，文人得到荣耀。唐高祖武德四年，李世民在宫城西开了个文学馆，以杜如晦、房玄龄等十八人为学士，议论政事，讨论典籍，并命阎立本绘像，人们称之为登瀛州。

卢携貌丑　卫玠神清

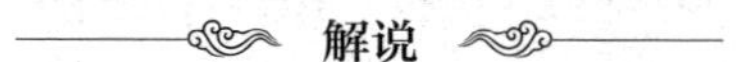

卢携，唐人。曾以文章上尚书韦宙，韦宙的学生因卢携相貌丑陋而瞧不起他，韦宙却说：“卢虽其貌不扬，但他的文章，却有首有尾，章法井然，以后必有作为。”卢携后中进士，官中书侍郎等。

卫玠，西晋人，风神秀朗，姿容俊逸。看到他的人以为他是个玉人，人们称他为“璧人”，死时二十七岁，当时的人说他是被看死的。

非熊再世　圆泽三生

解说

唐诗人顾况晚年的时候生了一个孩子，名叫非熊，却很快死去了。他哀伤得难以控制，就作诗道：“老人丧爱子，日暮泪成血。老人年七十，不作多时别。”顾况感动了上天，又让非熊再生顾家，两岁时就能说出在冥间闻父吟诗的事。

圆泽，唐僧人，与李源的交情较好。二人一同游三峡时，见一妇人取水，圆泽说他将投身为这位妇人的儿子，十三年后的中秋月夜到杭州天竺寺外相见。晚间圆泽死去了。十三年后，李源按照约定到了杭州，果然见一牧童敲着牛角唱歌。李源上前问及圆泽的情况，其回答和圆泽说的一样，于是李源认定牧童就是圆泽转世。

安期东渡　潘岳西征

解说

王承，字安期，晋人，虚怀寡欲。他要到遥远的东方去做官，道路险阻，其他人都非常害怕，而他却处之泰然，没有表露出忧喜的神情。

潘岳，西晋人，他的才气和名气都很大，思想和写作都非常华丽，曾作《西征赋》。

志和耽钓　宗仪辍耕

解说

张志和，唐诗人，隐居江湖，常常垂钓，但是不设钓饵，自称“烟波钓徒”，志在垂钓而不在鱼。作有《渔歌子》五首。

陶宗仪，元末人，在松江居住的时候，亲身耕稼，闲了就在树荫下休息，有所想的时候，就摘树叶记在上面，并贮藏在一个破罐中，积了十余年。有一天他拿出来加以整理，编为三十卷，名《南村辍耕录》，记述了元代的政事和典章制度，并保存了不少小说和戏剧资料。

卫鞅行诈　羊祜推诚

解说

卫鞅，商鞅，战国秦相。讨伐魏的时候，魏公子卬迎击。商鞅写信给公子卬，称愿罢兵结盟，公子信以为真，赴商鞅约，被商鞅埋伏的士兵捉住，大破魏军。

羊祜，西晋人，督荆州军事时，与吴将陆抗对阵，不使偷袭之计。一次行军吴境，割谷为粮，事后计所侵扰，送绢偿还。陆抗送酒来，羊祜即饮不疑。陆抗病了，羊祜送药去，陆抗也立服不疑。由于羊祜能推诚相待，所以吴地百姓对他很友好。

林宗倾粥　文季争羹(gēng)

解说

林宗，郭泰，东汉有名的儒生。他到陈地去讲学，有一个小童名叫魏德公，请求侍奉他。郭泰身体偶有不适，魏德公给他熬粥，每次送粥过来，郭泰就借口训斥他一次。魏德公不仅没有表现出不高兴，反而面露喜色。郭泰说："刚开始只是见到你的样子，今天知道你的心胸了。"

沈文季，南齐人，与祖思均受皇帝喜爱。一次，皇帝置酒为乐，汤肉呈上来之后，沈与祖便开始辩论，一个说这是北方的食物，一个说是南方的食物，结果沈被皇帝称赏，争得第一勺汤。

茂贞苛税　阳城缓征

解说

李茂贞，后唐人。他在当凤翔节度使的时候，苛捐杂税，名目繁多，连点灯也要征税。他严禁松木进入城中，以防百姓燃以照明，不点灯，影响税收。有个人就讥讽他："我请求把天上的明月也给禁了。"

阳城，唐人，当官的时候能体会民间的疾苦，治民就像治自己的家。赋税往往缓征，观察使好几次责备他，并派人来监督他，他干脆把自己囚于狱中，后来辞了官。

北山学士　南郭先生

解说

北山学士，指徐大正，宋人。他曾与苏轼、秦观一起游玩，筑室北山之下而居之，号为闲轩，当时的人们称他为“北山学士”。

南郭先生指宋人雍存。他隐居不去做官，以读文章自娱自乐，住在城南，号南郭先生，与曾巩等有文学方面的交往。

文人鹏举　名士道衡

解说

鹏举，温子升，北魏人。王晖曾说：“江左文人，宋有颜延之、谢灵运，梁有沈约、任昉，我子升足以陵颜轹谢，含任吐沈。”曾作《韩陵山寺碑》。

薛道衡，隋文学家。作《人日诗》，前两句“入春才七日，离家已二年”写出后有人笑他低俗，不能写诗；等后两句“人归落雁后，思发在花前”一出，人们看法大变：“名下固无虚士！”裴献将他比作关西孔子。

灌园陈定　为圃苏卿

解说

陈定，春秋楚隐士。楚王曾想聘他为相，陈说：“今日为相，明日车马成群，菜肴丰盛。”他的妻子却说：“车马成群，不过坐一膝那么大的地方；菜肴丰盛，最好吃的不过是吃肉。但是却得担着全楚国的忧难，不值得呀！”于是夫妻两个一起逃走了，去给人家种菜灌园。

苏卿，苏云卿，宋隐士，穿粗布衣裳和草鞋，种蔬菜，织鞋底。张浚打算任用他，但到苏家园圃一看，他已不知去向，聘他的金币书简仍在。

融赋沧海　祖咏彭城

张融，南齐人，曾作《海赋》，有句道：“穷区没渚，万里藏岸。湍转则日月似惊，浪动则星河若覆。”徐凯之读后说：“卿此赋实超元虚，但惧不道盐耳。”张融就抓笔补写：“漉沙抅白，熬波出素，积雪中春，飞霜暑路。”齐高帝评其才：“此人不能没有一个，也不能有两个。”

祖莹，北魏人。王肃咏《悲平城》：“悲平城，驱马入云中，阴山常晦雪，荒松无罢风。”彭城王勰深为叹赏，让王肃再吟咏一首，而王肃口误将平城说成彭城。当时祖莹在座，便说：“悲彭城诗各位没听过吗？”说罢便咏道：“悲彭城，楚歌四面起，尸积石梁亭，血流淮水中。”众人都叹服。

温公万卷　沈约四声

解说

温公，司马光。藏书万余卷，早晚阅读，几十年后书仍然崭新如初，曾说：“商人爱惜货物财宝，我们读书人要倍加爱惜书籍啊。我每年必晒书。看书前，先擦干净桌子，再铺好桌布，看书时每翻动一页，都用拇指轻轻衬起，再用食指翻过去，就怕把书页损坏。”

沈约，南朝梁人，作诗主四声八病之说，自认为独得其妙，诗体称“永明体”。

许询胜具　谢客游情

解说

许询，晋人，好游山水，而身体灵便，四处游玩很是容易。当时的人说他：“不仅有闲情逸致，更加具备游玩的身体条件。”

灵运，谢灵运，他喜爱游山玩水，每到一处总是会留下诗篇。常穿木屐登山，上山时去前齿，下山时去后齿。一次从宁南山伐木开道，直到临海，随从有几百人。临海太守大惊，以为是山贼。后来知道是他们，才心安。

不齐宰单　子推相荆

解说

不齐，宓不齐，孔子弟子。单，地名。宓不齐任单父宰时，任用贤能的人。他知道此地有五个贤士，于是去请教，所以有人说，宓不齐不出屋子就将单父这个地方治理得非常好，有“身不下堂，鸣琴而治”之誉。

子推，介子推，春秋楚人，十五岁为相。孔子让人去探听他的政绩，使者回来对孔子说：“他廊下有二十五位俊士，堂上有二十五位老人。”孔子赞叹道：“合二十五人的智力，胜过汤武；并二十五人的能力，胜过彭祖。这样治理天下，是无忧的了。”

仲淹复姓　潘阆(làng)藏名

解说

仲淹，范仲淹。范三岁时就成了孤儿，母改嫁朱氏，仲淹跟随朱姓，稍大后就离开了母亲到亲戚家苦读书。后中了进士，才恢复了原姓。

潘阆，宋人，自号逍遥子。有诗句：“发任茎茎白，诗须字字精。”又有：“长喜诗无病，不愁家更贫。”曾为躲避祸害藏在潜山山谷寺，题钟楼：“顽童趁暖贪春睡，忘却登楼打晓钟。”有人认出这是他的诗句，让寺僧去叫他，他却已经消失得无影无踪了。

烹茶秀实　漉酒渊明

（漉 lù）

解说

秀实，陶谷，北宋人。曾买得后周党太尉家的一个伙计，命他掬雪水烹茶，说："党家有这种风味吗？"伙计说："他是粗人，哪有这种风味？只知道在销金帐下，浅斟低唱，饮羊羔美酒。"陶谷听了，面有惭色。

渊明，陶渊明。他爱喝酒，每当有客人来，都以酒招待，如果他先醉了，就对客人说："我醉了，想睡觉，你走吧。"有一次，邻家请他饮酒，酒中有渣滓，他摘头巾漉酒，完了之后，又把头巾照旧裹在头上。

善酿白堕　纵饮公荣

解说

白堕，刘白堕，晋人，善于酿酒。一次青州刺史买其酒归来，路遇盗贼，贼饮而醉，全部被擒。当时的人就说："不怕张公拔刀，只怕白堕春醪。"

公荣，刘公荣，晋人。爱喝酒，喝酒时从来不讲究跟谁喝，许多人都讥讽他。有一次和阮籍、王戎对饮，刘公荣在座，两人只是交谈饮酒，根本就不顾及刘公荣，而事后有人问为何不请公荣饮酒，阮籍戏说："胜过公荣的人，我不能不和他一起喝酒；比不上公荣的人，又不可不和他一起喝酒；只有公荣这个人，可以不和他一起喝酒。"

仪狄造酒　德裕调羹

解说

仪狄，禹时的造酒者。禹饮其酒说：“后世必有以酒亡其国者。”于是疏远仪狄，并要求禁酒，因此仪狄酿酒的方法就没有流传下来。

德裕，李德裕，唐人。他生活非常奢侈，任宰相时不饮京城的水，而是要仆人从遥远的惠山将泉水运来。他喝的羹，一顿就花费三万钱，并用珠宝、贝玉、雄黄、朱砂煎汁，三煎除去里面的渣，才食用。

印屏王氏　前席贾生

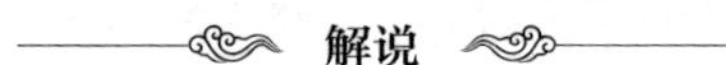

相传唐玄宗喜欢的王氏数夜梦见有人召她饮酒，她将此事告诉了玄宗。玄宗说：“这必是旁门左道的术士所为，如再有这样的事，你可在暗中做个记号。”当晚王氏又梦有人来召，她就用手蘸墨印在屏风上，醒后就告诉了玄宗。玄宗下令各处搜索，结果在东明观发现了王氏手纹，而道士却跑了。

贾生，贾谊，西汉人，年少多才，却不被重用。文帝曾召他到京城，问鬼神之事一直到半夜，不知不觉间向前移出了坐席，并且叹道：“很久没见贾生，自以为超过了他，现在看来仍差很远啊！”

九 青

经传御史 偈(jì)赠提刑

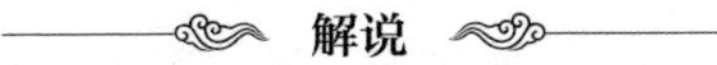

解说

御史，指西汉公孙弘，官至御史大夫，升为丞相，建议武帝设五经博士，崇尚教化，以招揽更多的贤才。

提刑，指古代的一种官职，这里指郭公甫，名祥正。郭祥正任提刑到舒州海会寺时，梦见神人赠偈给他，以超度众生。

士安正字 次仲谈经

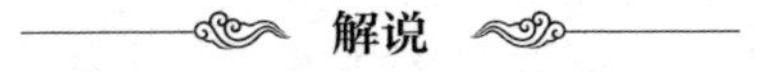

解说

士安，刘晏，唐人，八岁时献赋玄宗，玄宗赐游皇宫，杨贵妃抱他坐在膝上，亲自为他梳髻，官人争送花果给他。

玄宗就授太子正字，问他：“卿作正字，正得几字？”答道：“天下字皆正，惟朋字未正。”

次仲，戴凭，东汉人。有一次上朝，皇帝要求群臣能说经者相互辩论，经义有所不通者让席于精通者，结果，戴凭共占五十余席。京师就有语说：“解经不穷戴次仲。”

咸遵祖腊　宽识天星

解说

咸，陈咸，两汉之际人。祖腊，祭名，腊月祭路神。王莽专政，陈咸便弃官回家了，闭门不出，并沿用汉朝时的规矩来祭祀。

宽，张宽，汉人。汉武帝在甘泉祭祀，张宽从祀，到了渭桥，看见一个女子在渭河洗澡，乳长七尺，汉武帝非常奇怪，就问她从哪里来，女人回答：“帝后七车侍中知道我从哪里来。”张宽在第七车，他说：“这是主管祭祀的天星。斋戒不干净，因此看到这颗星了。”

景焕垂戒　班固勒铭

解说

景焕，宋人，隐居在成都玉垒山，曾记一戒石碑中句：“尔俸尔禄，民膏民脂；下民易虐，上天难欺。”

东汉和帝永元元年，窦宪率精骑万余征匈奴，打了一个大胜仗，出塞三千里登上燕然山，命令班固刻石颂扬功德，以记载汉朝的威德。

能诗杜甫　嗜酒刘伶

解说

杜甫的诗风格沉郁，忧时纪事，世称“诗史”。他一生都在努力“致君尧舜上，再使风俗淳”。

刘伶，西晋人，竹林七贤之一。爱喝酒，他的妻子劝他戒酒，他答应说可以，于是妻子准备了酒肉让他对神发誓，他便跪下发誓道：“天生刘伶，以酒为名；一饮一石，五年解酲。妇人之言，慎不可听。”便开始饮酒吃肉，一会儿又醉了。

张绰剪蝶　车胤囊萤

解说

张绰，唐人，精通养气辟谷之术，一次用纸剪成蝴蝶二三十只，吹口气，蝴蝶成队飞舞，一会儿又落回手中。

车胤，晋人。非常爱好学习，家里又比较穷，没有灯烛照明，夏天就用细布做了一个袋子，装了些萤火虫，用来照明读书。

鸜鹆学语　鹦鹉诵经

qú yù

解说

鸜鹆，八哥。晋司马桓豁曾养一只八哥，善于学人话。一次大会，八哥学四座客人音调，无不绝似。有一人鼻塞，声音很难学，八哥便把头伸入瓮中学，惟妙惟肖。

东都有人养的鹦鹉，聪慧过人。后来把它送给了一个僧人，僧人教它诵经，但它常常伫立架上不言不动，问是什么原因，答道："身心俱不动，为求无上道。"

公远玩月　法善观灯

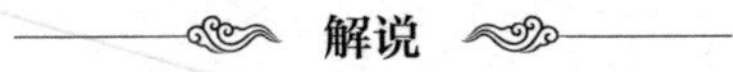

公远，罗公远，唐方士。一年中秋月夜，罗公远陪玄宗赏月，忽然取出拄杖向空中扔出去，化为一座大桥，光色如银，行数里，光彩夺目，忽然到了城阙前，罗公远说：“这是月宫门，叫广寒、清虚之府，有素娥数十名，白衣鸾歌舞于桂树下，曲子叫霓裳羽衣曲。”玄宗默记其调。当他回朝时发现天桥已经消失了，后复制其曲。

法善，叶法善，唐道士。玄宗时元宵夜华灯如昼，叶法善对玄宗说：“此处灯会之盛，天下无处能比。只有凉州灯会稍可跟它比一下。”玄宗问：“你去看过凉州灯会吗？”答：“我刚从那儿来。”玄宗很惊异，也想去看看。叶法善便用道术在殿前画一道虹桥，引唐玄宗至凉州，观赏凉州的元宵盛会。

燕投张说　凤集徐陵

解说

张说，唐朝曾封其为燕国公。相传他的母亲梦到玉燕投其怀，而生张说。当时许多重要的文稿都是出自他和许国公苏颋之手，人们称他二人为“燕许大手笔”。

徐陵，南朝陈人，传说他的母亲梦见五色云化为凤，聚集在她的左肩上，不久生下徐陵。徐陵八岁能文，十三岁通老庄，僧人宝志公曾摩他的头顶说：“这是天上石麒麟啊！”

献之书练　夏竦题绫

解说

一次，王献之夏天的时候经过乌程县，看到十二岁的羊欣穿着新练裙睡午觉，就在裙子上写了几幅字，然后走了。羊欣醒后反复揣摩学习王献之的字，书法大进。

夏竦，宋人。幼时有人说他日后必贵，便拿吴绫手巾向他请求题诗。夏题道：“殿上衮衣明日月，砚中旗影动龙蛇。纵横礼乐三千字，独对丹墀日未斜。”杨徽之见而叹道：“真是宰相的器量啊！”

安石执拗　味道模棱

解说

安石，王安石。他生性执拗，生活俭朴，做事不近人情，常自信所见，执意不改，议论高奇，时称“拗相公”，很得宋神宗的信任。

味道，苏味道，唐相。他任丞相数年，但是做事没有自己的主见，为人圆滑，模棱两可，人称“苏模棱”。他曾对人说：“决断事情不要表示得太明白，万一错了会悔恨交加，模棱两可就可行了。”

韩仇良复　汉纪备存

解说

良，张良。张良是韩国人，秦始皇灭韩国，张良发誓要为韩国报仇，于是结交刺客，椎刺始皇于博浪沙，没有得逞，被迫逃亡。后为刘邦谋士，帮助刘邦消灭了秦国，终于实现了他的愿望，为韩国报了仇。

备，刘备。他是汉中山靖王的后代，引兵入蜀后自立为汉中王。公元二百二十一年称帝，国号汉，以继承汉统。

存鲁端木　救赵信陵

解说

端木，端木赐，即子贡，孔子学生。齐国想取代鲁国，子贡劝阻，但没有成功；又劝吴国去救鲁国，吴国害怕越国乘机偷袭，于是也拒绝了；他便劝越国也出兵，联军在艾陵与齐交战，取得了胜利。这样就保存了鲁国。

信陵，即信陵君魏无忌。秦国围住了赵国的邯郸，信陵君设计偷取了魏王兵符，令朱亥椎杀晋鄙，率兵救赵，为赵国解了围。

邵雍识乱　陵母知兴

解说

邵雍，宋理学家。一次散步至天津桥，听见杜鹃鸟声愀然，便说：“天下将治，地气自北而南；将乱，自南而北。禽鸟得气之先。洛阳从无此鸟，今有之，是地气自南而北，国家必将用南人为相，从此多事矣。”后王安石行新法，邵雍反对。

陵，王陵，西汉人。项羽知道他归附刘邦，便把他的母亲拘押军中，想要让王陵背叛刘邦。王陵的使者到了，他的母亲哭泣着道：“请转告王陵，好好辅佐汉王。汉王是长者，终将统一天下，让王陵不要因为我而有二心。”于是自杀而死。

琴高赤鲤　李耳青牛

解说

琴高，战国赵人，为宋康王门人。入涿水中取龙子，与弟子约会道："你们可斋洁在涿水边等我。"弟子们在河边建祠屋，没多久，琴高果然骑着赤鲤出现。当时目睹这一场面的有万余人。过了一个多月后，琴高又回到水中。

李耳，又名老聃，即老子。传说他乘青牛西出函谷关时，关令尹喜看见紫气升起，知道有真人将至，于是向老子求教道术，老子留下了《道德经》，随后离去。

明皇羯（jié）鼓　炀帝龙舟

解说

唐玄宗喜欢羯鼓，不喜欢琴。宫人正弹奏琴，一曲未完，就喝止，随后叫汝阳王上场击羯鼓。

隋炀帝杨广挥霍无度，喜欢四处巡游。大业元年八月乘龙舟游江都，众臣随行，从大运河驶出，舳舻相连达二百余里，征用大批民夫，花费巨资，引起民愤。

羲叔正夏　宋玉悲秋

解说

羲叔，尧时制历法者。羲叔掌管夏朝制历授时。相传羲叔到南方，观察夏季的变化和万物生长的情况，并且根据日影的长短计算出了夏至。

宋玉，战国楚诗人，是屈原的弟子，因为屈原被流放而悲伤，所作《九辩》中有：“悲哉秋之为气也！萧瑟兮草木摇落而变衰。”诗中流露出浓厚的悲伤情绪。

才压元白　气吞曹刘

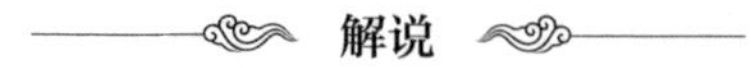

解说

此说唐杨汝士事。元，元稹；白，白居易。一次宴会，众人即席赋诗，杨最后完成，但写得最好，元、白也为之赞叹不已。杨大醉回家，对他的弟子说：“我今日压倒元白。”

曹，曹植；刘，刘桢。元稹十分推崇杜甫的诗，曾评杜甫诗：“上薄（逼近）风骚，下该沈宋，言夺苏李，气吞曹刘，掩颜谢之孤高，杂徐庾之流丽。”

信擒梦泽　翻徙交州

解说

信，韩信。有人告韩信谋反，刘邦假装游云梦泽，在陈地召会诸侯，韩信来了，就被擒住了。韩叹道：“人言狡兔死，走狗烹；飞鸟尽，良弓藏；敌国破，谋臣亡，天下已定，我固当烹。”后来刘邦知道韩信没有要谋反的意思，于是就赦免了他的罪。

翻，虞翻，三国吴人，性情直爽，曾因触怒了孙权，被流放交州。即使这样，他仍讲学不倦，弟子有数百人。

曹参辅汉　周勃安刘

解说

曹参，西汉相，遵萧何旧制而无所变更，国定民安，有“萧规曹随”的说法。

周勃，西汉相，厚重少文，可任大事。刘邦曾说：“曹参可代萧何，王陵戆，陈平可佐之，但安刘者必周勃也。”后吕氏之乱，周持节入军中，说：“为刘氏者左袒，为吕氏者右袒。”军中都向左袒，周率军捉了吕后的人并杀了他们，汉室才安定。

太初日月　季野春秋

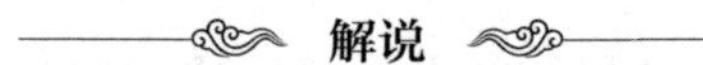

太初，指三国夏侯玄。为人清净温和，时人评道：“夏侯太初（玄），朗朗如日月之入怀。”曾依柱作书，狂雷破柱，夏侯衣服被烧焦而神情不变。

季野，褚裒，晋人，年少的时候就很有名气了。桓彝评他“褚季野有皮里春秋”，指他表面上没有什么好坏，但其内心褒贬分明。

公超成市　长孺为楼

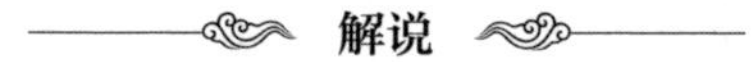

公超，张楷，汉代人，通《春秋》《古文尚书》。各方人士慕名来访，当时车马都堵住了街道，有的人还在他家附近做买卖。张楷于是搬家，但人们马上又跟着来了。只要是他住的地方，马上就会成为繁闹的市镇。

长孺，孙长孺，宋人，以爱学习、喜欢藏书而闻名，经史百家全数都有，并建楼藏之，号称“书楼”。

楚丘始壮　田豫乞休

解说

楚丘，战国齐人。一次他去见孟尝君，孟尝君说：“先生老了，记忆力差了，今日来有什么指教？”楚丘说：“你让我追车赶马，投石超距，那我是老了；但深计远谋，我却正当壮年，怎么能说老了呢？”孟尝君便收下了他。

田豫，三国魏人，曾上书道：“年过七十而居位，犹如钟鸣漏尽而夜行不休，是罪人也。”因而请求辞职。

向长损益　韩愈斗牛

解说

向长，东汉人，曾读《易》读到了损益卦，叹道：“我已知富不如贫，贵不如贱，但不知死生对比如何。”后来儿女嫁娶完毕，断了家事，便说：“当我已死了。”于是游览五岳名山，不知所终。

斗牛是指天上的星宿，韩愈曾作《三星行》诗，说：“我生之辰，月宿南斗，牛奋其角，箕张其口。牛不见服箱，斗不挹酒浆；箕独有神灵，无时停簸扬。”

琎除酿部　玄拜隐侯

解说

琎，李琎，唐人，生性嗜酒，曾取云梦石甃泛春渠用来蓄酒，做金银龟鱼浮沉其中为酌酒的工具，自称酿王兼曲部尚书。杜甫《饮中八仙歌》中“汝阳三斗始朝天”，指的就是汝阳王李琎。

玄，王玄，西汉隐士，汉景帝就其所隐居之山封侯，山名侯山，王玄因此被称为“隐侯”。

公孙东阁　庞统南州

解说

西汉公孙弘，官至御史大夫，升为丞相，开东阁延请贤才，让他们参与商议国家大事。

庞统，刘备的谋士，曾经隐居在南郡，司马徽称他为南州士之冠冕。刘备曾派他任耒阳令，政绩不佳。鲁肃致信刘备：“庞士元（统）非百里才，使处治中别驾之任，才能让他一展才能。”

袁耽掷帽　仁杰携裘

解说

袁耽，字彦道，东晋人。桓温赌博输了，向袁耽求救。

袁耽赌技相当高，在当时很有名气，却生活艰难。他答应了桓温的要求，换布帽去和债主赌，下注很大，一出手就赢得十万，后来上至百万，终于赢回了桓温输的钱。债主不识袁彦道而只知其名，问："你认识袁彦道吗？"他将布帽扔在地上，说："你现在认识袁彦道了吧。"

仁杰，狄仁杰。武后赐给张昌宗集翠裘，又下令狄仁杰与张昌宗用此裘打赌。狄仁杰以紫袍为注，武后说："你此袍和集翠袍相比可差远了。"狄答："此乃大臣朝见、奏对之服，张昌宗屡屡败北，根本不配此袍。"后来集翠裘终于还是归狄仁杰所有。

子将月旦　安国阳秋

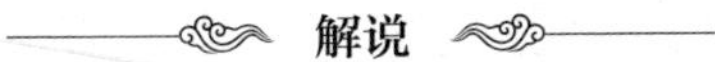
解说

子将，许劭，常与兄长许靖品评人物，每月评价一位，有"月旦评"之说。他们评论曹操为"清平之奸贼，乱世之英雄"。

安国，孙盛，晋人，所著《晋阳秋》如实记录了两晋历史人物事件，世称良史。

德舆西掖　庾亮南楼

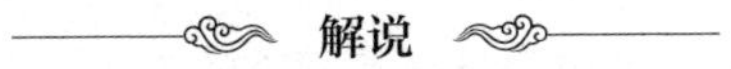
解说

德舆，权德舆，唐人。西掖，中书省。权德舆在中书省八年，风流蕴藉，为缙绅表率。

庚亮，东晋人，镇守武昌时，部下殷浩等秋夜登南楼吟咏，兴致正浓，庚亮到了，众人打算回避，庚亮徐徐说道：“各位不必回避，我对此处兴致正浓。”便坐在胡床上，与众人谈玄论道，吟咏唱和，通宵达旦。

lěi　dú

梁吟傀儡　庄梦髑髅

解说

梁，梁锽，唐诗人，曾作《傀儡吟》：“刻木牵丝作老翁，鸡皮鹤发与真同。须臾弄罢寂无事，还似人生一梦中。”

一次庄子去楚，路见空髑髅，便问它：“你是贪生失理而如此的呢？还是因亡国、杀戮才如此的呢？”晚上枕着髑髅睡觉。半夜，梦见髑髅说：“你白天所问，都是活着的人的累赘，人死了就没有这些可说了。无君于上，无臣于下，无四时之事；以天地为春秋，无忧无虑，乐莫大于此。”

孟称清发　殷号风流

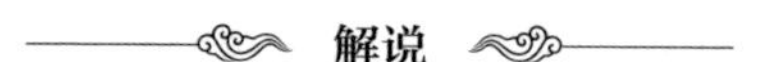

解说

孟，孟浩然，唐诗人，文不按古，匠心独运。一次作诗句：“微云淡河汉，疏雨滴梧桐。”在座的人都叹其绝，诗文别具一格，是山水田园诗派主要代表。

殷，殷浩，东晋人。识度清远，好《老子》《易经》，当时的人将他比作管仲、诸葛亮。

见讥子敬　犯忌杨修

解说

子敬，王献之。王八岁时，见家中门生玩樗蒲（一种游戏），便说："南风不竞。"门生轻视他，说："这个儿郎管中窥豹，只见一斑。"王献之生气道："远惭荀粲，近愧刘恢。"意指比你们诸人要强得多。王献之说完，拂衣而去。

杨修，三国魏人，才思敏捷。一次跟着曹操到曹娥碑下，碑背刻有"黄绢幼妇外孙齑臼"。曹不解，杨说："我知道。"曹操急忙说："先别说，让我想一想。"又走了三十里，曹操才想通，让杨修说，杨修答："黄绢，是色丝，合起来是'绝'；幼妇，是少女，合成'妙'，外孙，女之子也，合起来是'好'字；齑臼，是受辛，合起来是'辤（辞）'字。这是说'绝妙好辞'。"曹操因而很忌恨他。后来曹操攻汉中，一时胜不了，想撤军，部下来请求口令，曹操随口说"鸡肋"，众人都不解。杨修却开始打点行装，道："鸡肋，弃之可惜，食之无味，大王想要撤军了。"曹操借这个理由杀了杨修。

荀息垒卵　王基载舟

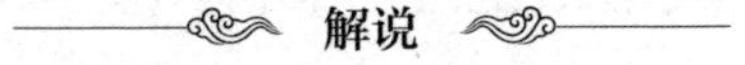

解说

荀息，春秋晋人。晋灵公筑九层之台，三年不成，人力困敝，有进谏的人都被赐死。荀息对灵公说："我能垒十二个棋子，再在上面加九个鸡蛋。"灵公说："那太危险了！"荀息说：“您造九层之台，三年不成，男不能耕，女不能织，劳民伤财，岂不更危险？”灵公这才下令停建亭台。

王基，三国魏人。当时魏明帝大兴土木，于是王基进谏说：“古人以水喻民，说‘水所以载舟，亦所以覆舟’……愿陛下深察东野之弊，留意舟水之喻。”

沙鸥可狎　蕉鹿难求

解说

有个人每天早上到海上与鸥鸟戏玩，上百只沙鸥栖落在他身旁。他的父亲说：“明天你捉几只鸥鸟来让我玩玩。”第二天，沙鸥便不肯再落下来，只在他身边飞来飞去。

郑人伐薪时，遇到一只鹿，他打死这只鹿，怕人发现，就用蕉叶把死鹿盖起来。等回来找鹿时，却忘了藏在什么地方，自以为做了一场梦，于是边走边唠叨，听到的人却找到了鹿。后来，打柴的人回家做了一个梦，梦见了藏鹿的地方，也梦见了找到鹿的人。于是，他将这个人告到官府，官府就将鹿一分为二，两人各得到一份。

黄联池上　杨咏楼头

解说

宋代黄镒（又作黄鉴）七岁时还不会说话，祖父常指物开导他。一天，两人来到池水边，祖父说了句“水马池中走”，不料黄镒忽开口道：“游鱼波上浮。”

杨亿，北宋人。杨亿好几岁了都不能说话。一次，家人抱他登楼，不小心碰了他的头，他忽然吟诗道：“危楼高百尺，手可摘星辰。不敢高声语，恐惊天上人。”

曹兵迅速　李使迟留

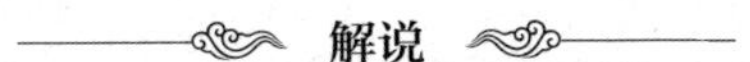
解说

曹操怕刘备先占据江陵，就调遣精骑三千急追，一日一夜行三百里。诸葛亮认为他犯了兵家大忌，就和孙权联合，击败了曹军。

李，李郃，东汉人。窦宪娶妻，天下人都去祝贺。汉中太守要李郃代自己去送礼，李郃知道窦宪专权骄恣，必有危亡之祸，所以去祝贺的时候，一路上故意走得很慢。果然，李郃还没到，就听到窦已自杀的消息，同时送贺礼的官吏都被罢官，而太守却得以幸免。

孔明流马　田单火牛

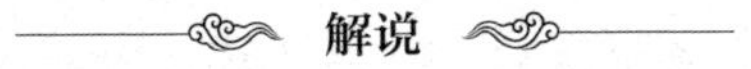
解说

建兴九年，诸葛亮出祁山，以木牛运粮，杀张郃；建兴十二年，出斜谷，以流马运粮，占据五丈原。

田单，战国齐将。燕乐毅一连攻下齐七十余城，围即墨。田单用反间计使燕王调走乐毅，再收城中牛千余头，在牛角上绑着刀，尾巴绑着苇，浇上油。晚上在城墙上凿了数十个孔，将牛尾点燃，牛猛冲燕军，并带领五千精兵随后掩杀，大败燕军。

五侯奇膳　九婢珍馐

解说

西汉成帝时，曾在一天封母舅五人为侯，时称五侯。王氏五侯不和睦，门下宾客不相往来，但善辩的楼护却让五侯轮流供他美食奇膳，他将这些美食合之为鲭，世称“五侯鲭”。

唐段文昌精于烹调，家有老婢女熟悉他的口味，学到了他的技术，可以做出很可口的菜肴，并且将技术传授上百人，可是能掌握精髓的只有九个。

光安耕钓　方慕巢由

解说

光，严光，东汉人，曾经是光武帝同学，光武帝请他出来做官，他没有答应。后来他归耕富春江，富春江前临桐江，上有钓台，清丽奇绝，锦峰秀岭，在这个风景秀丽的地方做起了隐士。

巢，巢父；由，许由。方，指薛方，西汉人，朝廷征召不就，说：“尧舜在上，下有巢由，今明主方隆唐虞之德，小臣欲守箕山之节。”

适嵇命驾　访戴操舟

解说

晋人吕安与嵇康相交甚好，每当想念嵇康的时候，就让人驾车不远千里去探望。一次正好嵇康外出，其兄嵇喜出迎。吕安连门都不进，只在门上写了一个“凤”字而去。嵇喜以为他称颂自己。等嵇康回来，对嵇喜说：“他是讥笑你凡俗啊！”

晋代王徽之卓而不羁。一个雪后的晚上，月色清朗，忽然想念朋友戴安道，便乘小舟去走访。走了一宿，到了，却不进戴家，即刻返程。人问他原因，答道：“乘兴而来，兴尽而返，何必一定要看见安道呢？”

篆推史籀(zhòu)　隶善钟繇(yáo)

解说

史籀，周太史，创造了篆体汉字，也就是大篆，后来秦朝李斯将它变为小篆。

钟繇，三国魏人，善写隶书，字若飞鸿戏海，舞鹤游天。

邵瓜五色　李橘千头

解说

邵，邵平，秦东陵侯。秦亡后他在长安城东种瓜，瓜有五色，味美，因为他曾经为东陵侯，世人称为东陵瓜。

李，李衡，三国吴人。他任丹阳太守时，每次想要添置家业，妻子总是不允许。于是，他秘密派人到龙阳洲建造宅院，并且在院中种了上千株橘子。临终时他对儿子说：“你母亲不让我营家，故家贫如此。我在氾州种了千株橘树，可供你衣食。”后来，橘树长成，每年得绢数千匹，家道殷足。

芳留玉带　琳卜金瓯

解说

明代李春芳小时候在崇明寺就读，后来考中进士第一，留玉带在寺中，建楼储藏，并将此楼命名为“玉带楼”。

琳，崔琳，唐人。一次，玄宗写下崔琳名字再用金瓯盖上，刚好太子进来，玄宗问：“下面扣着一个名字，将拜他为相，你能猜出是谁吗？”太子答：“不是崔琳就是卢从愿。”玄宗宣布，果然是崔琳。

孙阳识马　丙吉问牛

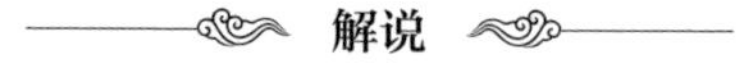

解说

孙阳，即伯乐。经过虞坂时，他看见一匹老马拉着沉重的盐车费力地上坡，实在要拉不动了。伯乐忙从车上下来，抱住马头痛哭不已，并脱下上衣盖在马身上。马低下头，喷着鼻子，又仰头长鸣，以表示遇知己的意思。

丙吉，西汉人，宣帝相。曾见一群人打架斗殴，很多人死伤，丙吉过而不问；又见人追牛，牛喘吐舌，便让人上前询问。有人笑他，他说："民斗，是京兆尹所当干涉的；但天还不大热，牛就气喘吁吁，是时气失节，是我职责范围内的事了。所以让人去询问。"

盖忘苏隙　聂报严仇

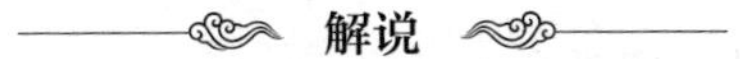

解说

盖，盖勋，东汉人，与苏正和有矛盾。梁鹄想杀苏正和，盖勋却极力反对，说："谋事杀良，非安；乘人之危，非仁。"梁鹄这才罢休。苏正和听说后上门道谢，盖勋却拒不接见，说："我为梁使君打算，不是为你。"

聂，聂政，战国韩侠士，替严仲子刺杀侠累，然后自毁面容挖眼而死，他的姐姐哭着找到他，最后在他的尸旁自杀。

公艺百忍　孙昉四休

解说

张公，张公艺，唐人，九世同居。高宗问他怎么能够这样，他拿笔写了一百多个"忍"字呈献皇帝。

孙昉，宋人，为太医，自号"四休居士"。四休是指：粗茶淡饭饱即休，补破遮寒暖即休，三平二满过即休，不贪不妒老即休。

钱塘驿邸　燕子楼头

北宋陶谷，曾出使江南，寓钱塘驿。乐妓秦弱兰假装是驿吏的女儿前往侍奉，陶谷与秦弱兰共度良宵，并作《风光好》词赠之："好姻缘，恶姻缘，奈何天，只得邮亭一夜眠，别神仙。琵琶拨尽相思调，知音少，再得鸾胶续断弦，是何年？"后主李煜款待陶谷时，便命歌妓唱这首词，陶谷十分惭愧，即日返回宋朝。

唐张建封镇守徐州时，曾有一位红颜知己关盼盼。他将关盼盼安置在他的燕子楼。张建封死后，关盼盼誓不嫁人，作《燕子楼诗》三首。白居易有两首诗和之。关盼盼见白居易和诗后，极度悲伤，跳楼自尽。

苏耽橘井　董奉杏林

解说

苏耽，汉朝人。一天将仙去，他对母亲说：“明年乡里会有瘟疫流行。院里有井水，屋檐边有橘树，可当作日常的食物。每天吃一片橘树叶，饮水一升，病就会好了。”说完驾云而去。第二年果然瘟疫流行，母亲用他说的方法来治疗，全给治好了。

董奉，三国吴人，有道术。他为人治病而不要钱，病重者便让种杏树五棵，轻者一棵，几年便有了一片杏林。杏子熟时，又做仓，让人用粮食来换杏子，粮食全都赈济了穷人。

汉宣读令　夏禹惜阴

解说

汉宣帝时，大臣魏相奏请让明经而通晓阴阳律历的四人各主一季时令，让他们明言职守，调和阴阳。宣帝答应了。

相传禹曾说：“人当惜寸阴。”启示人们要珍惜这美好光阴，不要随意浪费时间，否则数年之后自己就会后悔浪费光阴。

蒙恬造笔　太昊制琴

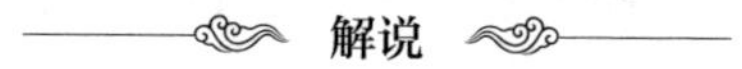

解说

蒙恬，秦朝大将。传说他是毛笔的发明人，他以柘木为管，鹿尾为柱，外面裹上羊毛，制造出毛笔。

太昊，伏羲。他所做的琴“长三尺六寸，象三百六十日。广六寸，象六合。前广后狭，象尊也。上圆下方，法天地也。五弦象五行，以弦为君，小弦为臣，文武加二弦，以合君臣之恩”。

敬微谢馈　明善辞金

解说

敬微，宗测，南朝齐人。他喜欢自由自在，朝廷多次请他做官，他都推辞了。当时的王公大臣知道他要游览名山大川，于是纷纷给他送来礼品，他一概不接受。

明善，元明善，元人。曾作为副使出使交趾国，返回时国王赠送给他礼物，他的同伴接受了礼物，元明善却坚辞不受。国王问他为什么不接受礼物，他说：“同伴接受是为了安小国之心，我不接受是为了顾全大国之体。”

睢阳嚼齿　金藏披心

解说

睢阳，指唐将张巡。安史之乱时张巡守睢阳，每战呼声震天，为义愤所激，把牙齿都嚼碎了。张巡战死后，尹子奇看他的牙齿，大多都已经咬碎了，只剩下三四颗完整的牙齿。

金藏，安金藏，唐人。武则天时有人诬陷太子李旦欲反，武后命酷吏来审理此案。安金藏为太子大呼：“太子没有反，你若不相信，我请求剖心以证清白！”当即用刀剖开腹部，五脏都流出来了。武后下令送入宫中治疗，一天后才苏醒。武后叹道：“我有儿子却不能了解他，让你受此牵累！”于是命令停狱，太子因而得以幸免。

固言柳汁　玄德桑阴

解说

固言，李固言，唐人。一次行至古柳树下，忽听柳树神对他说：“我是柳神九烈君，已用柳汁染了你的衣服，你要得了蓝袍，要用枣糕祭祀我。”不久，李果然中了状元。

玄德，刘备。家东南角有高八丈的桑树，望上去如重重车盖，往来的人都说：“此家必出贵人。”刘少时与宗中小儿在此树下嬉戏，曾说：“我必将乘这样的羽葆盖车。”

姜桂敦复　松柏世林

解说

晏敦复，宋人，是晏殊的曾孙。任左司谏时，两月间，论驳二十四事，朝廷大臣都怕他。秦桧主张议和，晏敦复反驳。秦桧派人对他说：“你若是能变通，则早晚可以做高官。”晏敦复答道：“姜桂之性，老而愈辣。我岂能为个人身计而误国事？”始终不屈服。

世林，宗世林，汉末人，鄙视曹操为人，不与之交往。等曹操总揽朝政时，和气地问他：“现在咱们可以交往了吧？”宗答道：“松柏之志犹存。”

杜预传癖　刘峻书淫

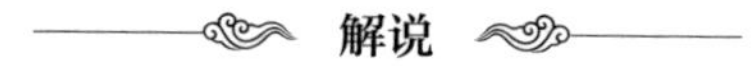

解说

杜预，西晋学问家，作《春秋左氏经传集解》三十卷。他曾说：“王武子有马癖，和长舆有钱癖。”皇帝问：“那么你有何癖？”他回答：“我有《左传》癖。”

刘峻，南朝梁人，常点燃麻炬读书，通宵达旦。有时读累了昏睡，头碰在火上把鬓发都烧了，醒后又继续读下去。每当听说有书不曾读过，必去借读，崔慰祖称他为“书淫”。

钟会窃剑　不疑盗金

解说

钟会，三国魏人，钟繇的儿子。荀勖有一把宝剑，价值百万，由荀勖之母收藏。钟会模仿荀勖的手迹写信给他母亲，把宝剑骗走了。荀勖想报复，恰好钟会花费千万盖了新屋，还没搬进去住，荀勖便在新屋正堂画上钟繇遗像，栩栩如生。钟会来看到了，大为感动，也就不再搬来居住。

不疑，直不疑，西汉人。有同僚告假，误将另一人的金子带走了。失金者怀疑是不疑，不疑于是买金子还给那个人。告假人回来后，承认自己带错了金子，丢金人感到非常惭愧，连连向不疑道歉。

桓伊弄笛　子昂碎琴

解说

桓伊，晋人，精通音乐，善于吹笛子。王徽之只听说过他的名字而没有见到过其人。有一次，停船在青溪，听到有人呼喊桓伊的名字，就派人请求：“闻君善笛，试为我奏一曲。”虽然那时桓伊已经很有名气，但他还是下车坐在胡床上，为王吹了三调，吹完后就离去了。两人没有交谈一句。

后来这个地方被叫作“邀笛步”。

子昂，陈子昂，唐诗人。开始仕途不顺，有卖胡琴的人，开价百万，陈以千缗买下，对众多豪贵说：“我擅长这种乐器，哪天请大家到我住处来听我演奏。”众人如期而至，陈笑道：“我有文百轴，不为人知；这音乐一事是微贱的，哪值得留心。”因此把琴摔碎了，拿自己的文章赠送众人。从此，陈子昂名震京师。唐代文学，从他而变雅正，因而他被称为“海内儒宗”。

琴张礼意　苏轼文心

解说

琴张，孔子弟子，与子桑户、孟之反很好。子桑户死，子贡去吊丧，见琴张与孟之反正鼓琴而歌。子贡便问：“你们这样不失礼节吗？”二人相视而笑：“你不知道我们的礼义。”子贡回去问孔子，孔子说：“他们是方外之人，我们是方内之人，礼俗自然不同。”

文心是指写文章的思路和想法。苏轼曾说：“某生平无快意事，惟作文，意之所到，则笔力曲折，无不尽意，自谓世间乐事，无复逾此。”

公权隐谏　蕴古详箴（zhēn）

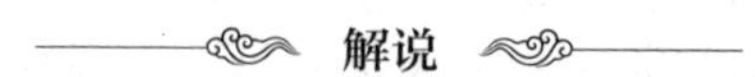

解说

公权，柳公权，唐大书法家。穆宗问他用笔的关键，他答道："用笔在心，心正则笔正。"穆宗一向沉迷于游乐，朝政荒纵，听后很受震动。

蕴古，张蕴古，唐人。曾上《大宝箴》以谏太宗，其中有句："以一人治天下，不以天下奉一人。""壮九重于内，所居不过容膝。""罗八珍于前，所养不过适口。"太宗嘉许了他。

广平作赋　何逊行吟

解说

广平，宋璟，唐人。皮日休称其："为相，贞姿劲质，刚态异状。疑其铁肠与石心，不解吐婉媚辞。睹其文，有《梅花赋》，清便富艳，得南朝徐庾体，殊不类其为人。"

何逊，南朝梁诗人。在扬州任职时常在一棵梅树下吟咏。后来居住于洛阳，思念梅花不得，因请再任扬州。到任那天，梅花正开，何于东阁延请诸名士醉赏之，笑傲终日。

荆山泣玉　梦穴唾金

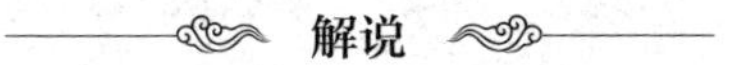
解说

卞和在荆山得到一块璞玉，献给周厉王，厉王认为他是欺骗，就刖去他的左脚；又献给武王，仍被认为是欺骗，又刖去右脚。文王即位，卞和抱璞哭了三天三夜，流下的都是血泪，说："我不为刖足而伤心，是为把宝玉说成石头，把真诚说成欺诈的世道悲泣啊！”文王派玉匠琢璞，果然得到璧，于是取名为和氏璧。

南康武都县西，沿江有石头建筑的房子，名叫“梦穴”。曾有一船只，船夫遇到一个穿黄衣的人，担着黄纸二笼，请求搭船。船夫便载他过崖。那人把口水吐在船上，径直下了崖，到石室里去了。再看船上，那人所吐的口水全变成了黄金。

孟嘉落帽　宋玉披襟

解说

孟嘉，晋人，一次参加桓温的宴会，风来吹掉了孟嘉的帽子而他没有察觉。桓温让孙盛作文嘲讽，孟嘉即提笔作答，文辞超绝，四座惊服。

宋玉随楚王游兰台，风突然吹起，楚王披襟挡之，并且说风很凉快，宋玉作了《风赋》，称风有雄雌，说君王与百姓的差别，以讽谏楚王。

沫经三败　获被七擒

解说

沫，即曹刿，春秋鲁将。与齐战，三次战败而割给齐大片土地，后来随鲁王与齐王会于柯，曹刿用利剑挟持齐王于坛上，逼着他归还鲁国失去的土地，齐王答应了，三次战败所失的土地都归还给了鲁国。

获，孟获，三国蜀人。孟获率部族叛蜀，诸葛亮去讨伐他，可是孟获不甘心输给诸葛亮，于是诸葛亮给了他七次机会，七擒七纵之下，孟获终于心悦诚服，不再反叛。

易牙调味　钟子聆音

解说

易牙，春秋齐人，为讨齐桓公喜欢，竟然杀子蒸熟献给齐桓公。

钟子，钟子期，春秋楚人。伯牙月夜在船上奏琴，钟子期领悟了，说："巍巍乎若泰山。"再弹一曲，钟说："荡荡乎若流水。"伯牙认为得到了知音。钟子期死后，伯牙断弦不再弹琴，因为知音已去，再无人能够欣赏。

令狐冰语　司马琴心

解说

令狐，令狐策，晋人。曾做梦站在冰上，与冰下的人说话。索叔彻说："冰上为阳，冰下为阴，为阳语阴，是说媒。你为人说媒了吗？"世人因而称媒人为"冰人"。

司马，司马相如。卓王孙女文君刚刚死掉丈夫，喜好音乐，相如就以琴挑逗她。文君很高兴，并和他相好，晚上投奔相如，二人骑马回到成都。

灭明毁璧　庞蕴投金

解说

灭明，澹台灭明，孔子弟子，曾拿着价值千金的璧玉渡河，河伯想得到璧玉，就兴风作浪，两蛟挟舟，他说："吾可以义求，不可以威劫。"于是左手持璧，右手持剑斩蛟，风浪遂止，他便投璧于河，三次投进，璧都跃出，于是他毁璧而去。

庞蕴，唐居士。元和中年，北游襄阳，把家里的资产沉入湘江，然后举家修行。

左思三赋　程颐四箴

解说

左思，西晋文学家。作《三都赋》，人们争相传抄，以至洛阳一时间纸价高升。起初，陆机也打算写一篇《三都赋》，在给其弟陆云的信中说："这里有一个狂妄之徒，打算也写一篇三都赋，大概是想写出来盖酒瓮吧！"等左思的赋写出，陆机叹服着放下了笔。

程颐曾作视、听、言、动四箴以自警。

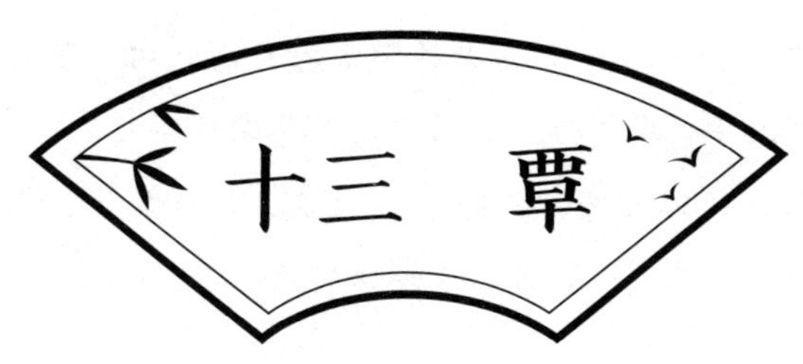

陶母截发　姜后脱簪

陶，陶侃。陶年少时，家境贫困。一次范逵来访，天正下大雪，没有什么可以待客的，陶母就将床上铺的干草剁碎喂马，又把自己的头发剪去换酒肴招待客人。范逵叹道：“不是这样的母亲生不出这样的儿子啊。”于是举荐陶为孝廉。

姜后，西周宣王的王后。一次，宣王晚起，姜后去掉簪子，在永巷请罪，让人传话给宣王说：“妾不才，使君王乐色而忘勤，失礼而晚起，祸乱由我起，请王治妾罪。”王说：“这是我自己的过错，不能怪你啊。”于是勤于政事，最终使国家兴旺。

达摩面壁　弥勒同龛(kān)

解说

达摩，天竺人，中国佛教禅宗的开山之祖。曾在嵩山少林寺面壁九年，参禅悟道，圆寂之后葬在熊耳山。

弥勒，即弥勒佛，意即无胜。龛，供奉神位、佛像的小阁子。世人把高僧修行称作与弥勒同龛。

龙逄(páng)极谏　王衍清谈

解说

龙逄，关龙逄，夏桀的大夫。夏桀无道，关龙逄进谏道："为人君，身行礼仪，爱民节财，故国安而身寿。今君用财苦无尽，用人若恐不能死。不改，天祸必降而诛必至。"这些直谏直接触怒了夏桀，后来龙逄被桀杀害。

王衍，晋人，喜好老庄哲学，好清谈，善谈玄理，声名极盛。后进之士仿效他的作风，逐渐就形成了矜高浮诞的风俗。后来西晋将亡，王衍被处死前，对身边的人说："呜呼!吾曹虽不如古人，向若不祖尚浮虚，戮力以匡天下，犹可不至今日。"

青威漠北　彬下江南

解说

青，卫青，西汉大将军，七次出击匈奴，屡获战功，威震漠北。

彬，曹彬，宋大将，攻李煜时让军队缓进。一天他忽称病，众将来问候，他说："我的病非药所能治，只需各位诚心自誓，攻下城池的时候不乱杀一人，我的病就好了。"诸将焚香立誓。两天后攻下城池，李煜带着群臣来投降，曹彬以宾客的礼节对待他。正是曹彬的宅心仁厚，使南唐百姓免遭屠戮，得以生存。

遐福郭令　上寿童参

郭令，郭子仪，唐将。遐福，久远之福。一个七夕之夜，郭子仪在银州见空中红光四射，一辆彩车绣帐中坐着一个美女，脚垂在床前，自天而下。郭子仪于是叩地而拜，美女笑道："你日后必大富大贵，且长寿。"说完，冉冉而去。后来，郭子仪因屡建战功被封为汾阳王。

童参，宋瓯宁人，生性淳朴，以躬耕为隐居。仁宗元年，他已一百零三岁。仁宗派人赐敕慰劳，授承务郎。次年，他就死了。

郗愔启箧（qiè）　殷羡投函

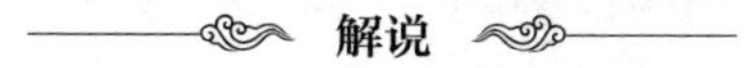

郗愔，晋人。箧，箱。愔的儿子超是桓温参军，桓温有反心，超为他出谋划策。后来超将要死的时候，知道父亲郗

愔一定会很悲伤，就把一个箱子给门生，说："父若哀悼，可呈此箱。"愔果然哀伤不已。门生把箱呈上，打开一看，全是与桓温的往来密件，于是愔愤怒地说："这小子死得太晚了！"于是不再哭。

殷羡，字洪乔，东晋人。赴豫章太守任时，许多人附信求他办各种事。他到石头城时，把书信全投入水中，说："沉者自沉，浮者自浮，我不能为人做传信人。"后称书信遗失为洪乔之误。

禹偁（chēng）敏赡　鲁直沉酣

解说

禹偁，王禹偁，宋代文学家，九岁能文。父亲以磨面为业。一次他代父送面到州府，州官正与学生属对，上句是"鹦鹉能言争似凤"，座中无人应列，他从旁对道"蜘蛛虽巧不如蚕"。州官叹道："经纶之才啊！"

鲁直，黄庭坚，南宋诗人，沉酣经史，曾说："士大夫三日不读书，则义礼不交于胸中，对镜觉面目可憎，向人则语言无味。"

师徒布算　姑妇手谈

解说

唐高僧一行求访师资，走到天台国清寺，见一个院落，有十棵古松，门前有流水。他们立于门屏间，听院僧布算，说：“今日当有弟子远来，求我算法，该到门口了。”又一算，说：“门前水当却西流，弟子亦至。”一行进入，稽首作礼，门前水果西流。

手谈，下围棋。唐国手王积薪晚上行路，到一深溪人家借宿。夜深，听见这家小姑对嫂嫂说：“良宵无以为乐，下盘棋好吗？”屋里没有灯火，姑嫂二人一人在东屋，一人在西屋，下着盲棋，不一会儿，小姑说：“你已经输了，我胜九枰。”第二天，王积薪问家中老太太，老太太让媳妇教授他一些基本走法，从此他的棋艺愈精。

风仪李揆(kuí)　骨相吕岩

解说

李揆，唐人，美风仪，善奏对，皇帝称其门第、人物、文章三绝，为朝廷羽仪。

吕岩，吕洞宾，八仙之一。在襁褓时，马祖见道："此儿骨相不凡，他时遇庐则居，见钟则叩，留心记取。"后吕居庐山，遇钟离真人传法，随即被点化成仙。

魏牟尺縰(xǐ)　裴度千缣

解说

魏牟，魏公子。縰，束发用的帛。一次见赵王，王正命人做王冠。王问治国之道，魏牟答："大王如果关心国事如关心这二尺縰，国家可治。”王不解，魏牟说：“大王制王冠，不用亲近之人而必求良工。治理国家不求良士，而任用亲近的人，国事难道还不如尺縰重要吗？”

裴度，唐大臣。缣，细绢。皇甫湜为裴判官。裴度修先福寺，求白居易作碑文，皇甫湜说：“舍近而求远，难道我们不如白居易？”裴度就请他写，皇甫湜马上就写成了。裴度就以车马缯缲为报酬，皇甫湜怒道：“自从我写《顾况集序》，未尝再给人写过什么。现在碑文三千字，一字三缣，你为什么小看我？”裴度笑道：“这是个不羁之才啊！”于是以千缣酬谢他。

孺子磨镜　麟士织帘

解说

孺子，徐稚，东汉人。去吊丧黄琼，但是没有路费，一路靠磨镜收入做盘缠，终于参加了葬礼。

麟士，沈麟士，南北朝人。家贫而好学，织帘读书，口手不息，乡里号为“织帘先生”。

华歆逃难　叔子避嫌

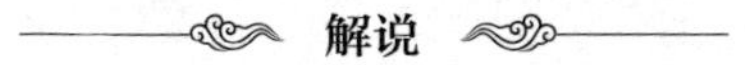

解说

华歆，三国魏人。一次与王朗乘船避难，忽有一人想搭船，华歆不想让他上船，王朗说：“船上还有空地方，为什么不让他上来？”那人便上了船。不久有贼人追来，王朗便想让他下去，华歆说：“我开始不想让他上船，怕的就是受牵累。既已让他上船，就不该在危难中抛下他不顾。”于是还是像开始一样带着他。

叔子，周颜叔子，鲁人。他独居一室，一天下暴雨，邻居寡妇房屋倒塌，就来他屋中避雨。为避嫌疑，颜叔子让她手持蜡烛，一根燃尽再换一根，直到天明。

盗知李涉　虏惧仲淹

解说

李涉，唐诗人。一日经过皖口，遇到盗贼。盗贼说：“既是李博士，不用剽夺，久闻诗名，愿赠一首足矣。”李遂题绝句一首：“暮雨潇潇江上村，绿林豪客夜知闻。相逢不用相回避，世上如今半是君。”盗贼大喜，说：“这是实话。”于是一笑而去。

仲淹，范仲淹。他任陕西经略副使，镇守延安。当时夏人互相告诫道：“不要打延安的主意，小范老子胸中有数万甲兵。”当时民谣说：“军中有一韩，西贼闻之心胆寒；军中有一范，西贼闻之惊破胆。”这足以说明范仲淹在当时的威望很高。

尾生岂信　仲子非廉

解说

尾生，战国鲁人，与女子相约在桥下。女子不来，洪水突然来到，他为了守信，抱梁柱而死。庄子批评了这种做法，认为这种行为不是守信，而是求名。

仲子，陈仲子，战国齐人。他为逃避战乱而躲避到楚国，楚王想任用他为宰相，他不愿意接受，于是又逃到一个不为人知的地方，以给别人种菜为生，过起了隐姓埋名的日子。有人认为他上不臣于君王，下不治理国家，不与诸侯相互往来，不能算是一个廉洁的人。

lí huò　gé

由餐藜藿　鬲贩鱼盐

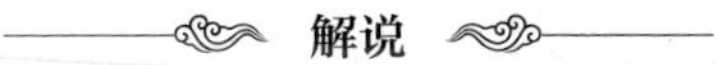

解说

由，子路，孔子弟子。小的时候家里非常贫贱，吃藜藿的果实，而在百里之外背米以供养双亲。富贵之后仍然不忘父母，这时已经衣食无忧了。孔子认为子路能时常想起儿时为父母百里负米，这是对父母的一种怀念和哀思。

鬲，胶鬲，商人，隐而经商，贩鱼卖盐。武王伐纣，纣派胶鬲在鲔水迎接武王，问武王：“为什么兴兵？”答：“讨伐纣王。”再问：“何日到达？”武王说：“甲子日至殷郊，你可如实禀告纣王。”甲子日，天下大雨，武王督军冒雨急行，军师劝止，王说：“我已令胶鬲告诉纣王，甲子日必到，如不到，胶鬲失信于纣王，必有害。我们冒雨急行，是为了救胶鬲啊。”后来果然如期赶到，大获全胜。

五湖范蠡(lǐ)　三径陶潜

解说

范蠡，春秋越人。助勾践灭吴后，谢绝高官厚禄，携西施泛舟五湖，浮海入齐，止于陶，积累了百万资产。

陶渊明辞彭泽县令之后隐居家乡，在《归去来兮辞》中有：“三径就荒，松菊犹存。”三径就是指家园。

徐邈通介　崔郾(yǎn)宽严

解说

徐邈，三国魏人。有人问卢钦：“徐公当武帝时，人以为通；自凉州还京师，人以为介，这是为什么？”卢钦答：“从前毛孝先、崔季珪执政，贵清素之士，人皆变换车服以求功名，而徐公不改其常，故人以为通；后天下奢靡之风日盛，士人争相仿效，徐公雅尚自若，不与俗同，故人以为介。”

崔郾，唐人，初治虢州，以宽大闻名，一个月不责罚一人。等到了鄂州，则用严法，从不宽赦。人问缘故，他说：“陕地贫瘠而民劳苦，抚之则民易服；鄂土肥沃而民剽悍，杂以异国风俗，非威莫能制。”

易操守剑　归罪遗缣

解说

东汉王烈，以孝义闻名。乡里有盗牛者，被抓获时说："甘愿受刑，但求不要让王烈知道。"王烈便释放盗牛者，并以一端布相赠。后有老人把剑遗留在路上，恰被过路人发现，就守在那儿直等到失主来把剑捡回。原来，这个过路人就是原先那个盗牛者。

东汉陈寔晚上读书时，有小偷躲在梁上，陈寔便叫弟子来，对他们说："不善之人未必本来就恶，习与性成，遂至于此，梁上君子就是一例。"小偷大惊，磕头请罪。陈道："你是为贫困所致啊。"就给了他两匹绢，让他走了。

深情子野　神识阮咸

解说

子野，桓伊，晋人，善音乐，每闻清歌常唤奈何。谢安听其如此，称道：“子野对音乐可谓一往有深情。”

阮咸，竹林七贤之一。荀勖精通律吕，正雅乐，但阮每每说他的音不准，荀勖很不服。后来有种地的人得到周时玉尺，荀勖用玉尺来校对自己所制乐器，发现自己的都短了一黍长短，这才对阮咸心服口服。

公孙白纻(zhù)　司马青衫

解说

公孙，公孙侨，即子产，春秋郑相。季札见子产，如旧相识，赠以缟带，子产回赠以苎麻衣服，各以所重之物为赠，以表示两国的友好关系。

司马，指白居易，曾被贬为江州司马。一日送客，邂逅长安歌伎裴兴奴，被她的琴声感动，写下《琵琶行》，其中有：“座中泣下谁最多？江州司马青衫湿。”

狄梁被谮（zèn）　杨亿蒙谗

解说

狄，狄仁杰，封梁国公。武后曾对他说：“你在汝南，有人说你的坏话，你想知道是谁吗？”狄仁杰答：“陛下以为过，我当改之；以为无过，是我的荣幸。我不想知道那人是谁。”

杨亿被执政者所忌恨，言事者攻之不已，他作文抒发苦闷，说道：“已落沟壑，犹下石而未休，方困蒺藜，尚弯弓而不已。”

布重一诺　金慎三缄

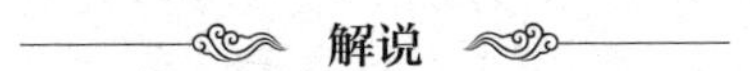

解说

布，季布，西汉侠士，行侠仗义，乐于助人，以重义守信著称于世。有谚语说：“得黄金百斤，不如得季布一诺。”

孔子入太庙，见金人三缄其口，背有铭：“古之慎言人也，无多言，多言多败；无多事，多事多患；安乐必戒，无所行悔。勿谓何伤，其祸将长。勿谓何害，其祸将大。”

彦升非少　仲举不凡

解说

彦升，任昉，南朝梁人，八岁能文，后来做了高官，为政清廉。褚彦对任父说：“你有如此聪颖的儿子，可喜可贺，有一百个也不多，有一个也不少了。”

仲举，陈蕃，东汉人。小时，父亲的朋友薛勤来访，对陈父说：“你有一个不凡的儿子，今天我是为他而来，不是为你。”当时陈家庭宇荒芜，薛勤对陈蕃说：“孺子何不洒扫干净，以待宾客呢？”陈蕃应声答道：“大丈夫当扫除天下，安事一室？”

古人万亿　不尽兹函

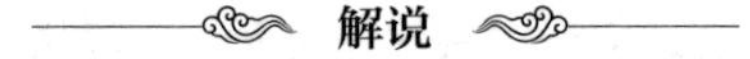

解说

兹，此。函，书帙，指本书。有数以万计的古人，有许多值得学习的精神，这本书是记载不完的。